大学英语翻译实践与人才培养研究

林丽娟　著

北京工业大学出版社

图书在版编目（CIP）数据

大学英语翻译实践与人才培养研究 / 林丽娟著 . —
北京：北京工业大学出版社，2022.12
ISBN 978-7-5639-8526-5

Ⅰ . ①大… Ⅱ . ①林… Ⅲ . ①英语－翻译－教学研究
－高等学校 Ⅳ . ① H315.9

中国版本图书馆 CIP 数据核字（2022）第 251775 号

大学英语翻译实践与人才培养研究
DAXUE YINGYU FANYI SHIJIAN YU RENCAI PEIYANG YANJIU

著　　者：林丽娟
责任编辑：刘卫珍
封面设计：知更壹点
出版发行：北京工业大学出版社
　　　　　　（北京市朝阳区平乐园 100 号　邮编：100124）
　　　　　　010-67391722（传真）　bgdcbs@sina.com
经销单位：全国各地新华书店
承印单位：唐山市铭诚印刷有限公司
开　　本：710 毫米 ×1000 毫米　1/16
印　　张：8.5
字　　数：170 千字
版　　次：2023 年 4 月第 1 版
印　　次：2023 年 4 月第 1 次印刷
标准书号：ISBN 978-7-5639-8526-5
定　　价：68.00 元

作者简介

　　林丽娟，现就职于湖南幼儿师范高等专科学校，讲师，高等师范院校英语教育、创新创业教育工作者，从事高校英语教育教学工作近十年，主持国家级子课题一项，参与省级课题两项，发表论文四篇。

前　言

随着改革开放的不断深入，对外交流的层次和领域不断扩大，英语在人们的生活、学习中的地位越来越重要。随着全球经济大环境的持续冲击与影响，社会各阶层、各行业对大学生英语的全面运用提出了更高的要求。就目前英语教学的实际情况来看，学生对听、说、读、写的重视程度很高，而对翻译的重视程度还有待加强。在英语教学中，翻译人才的培养一直是一个很重要的问题。

有一部分人认为，如果懂得一点儿英语，再配一部字典，就可以进行翻译。在英语界始终存在一种观点：只要有足够的阅读量，那么翻译就没有问题了。但这不是真的。英语的学习与母语的学习是有区别的，因为它缺少一个直接而实际的语言环境。所以，对英语教学现状进行分析，探讨英语教学中翻译教学的途径和策略，是目前急需研究的问题。

本书第一章为英语翻译概述，包括英语翻译的内涵、英语翻译的相关内容、英语翻译的标准、我国翻译的历史、英语习语翻译策略和文化意象词的翻译；第二章为英语翻译教学，阐述了英语翻译教学的现状与发展、英语翻译教学的对象、英语翻译教学的环境、英语翻译教学的基本策略、英语翻译教学的基本思路；第三章为不同文体翻译实践，主要内容包括文体与翻译、文体与应用文体、应用文体翻译的基本原则、商务类文本翻译实践、新闻类文本翻译实践、法律类文本翻译实践、广告类文本翻译实践、旅游类文本翻译实践；第四章为文化与翻译，主要内容包括文化与翻译概述、文化类翻译人才培养的原则、文化类翻译人才培养的策略；第五章为新时代背景下英语翻译人才培养创新，主要内容包括交流与翻译是英语教学的最终目的、英语教学是翻译的前提与基础、多媒体英语教学与翻译、跨文化意识与翻译、新时代背景下本科英语翻译人才的培养；第六章为 ESP 理论下大学英语翻译教学，主要内容包括 ESP 与大学英语翻译教学概述、ESP 理论下大学英语翻译教学策略、ESP 理论下大学英语翻译教材建设。

因笔者的能力有限，书中难免存在不足之处，希望各位读者和专家能给予指正。

目　录

第一章　英语翻译概述

第一节　英语翻译的内涵

一、翻译的概念

翻译是指在准确、流畅的前提下，将一种语言信息转化为另外一种语言信息的过程。"翻"是指即时、一句接一句地将谈话中的两种语言进行转换。这是一种语言和信息的交替。"译"是指把一种语言文字依照原意改变成另一种语言文字。

翻译在逻辑上可分成两个步骤：一是对源语进行译码，二是将信息转换为目的语。一篇好的译文，除了要保持原文的原意之外，还要像使用自己的母语一样流利，并且要与译入语的语言习惯保持一致。

翻译的方式有口译、笔译、机器翻译、同声传译、影视翻译、网站汉化、图书翻译等。随着信息技术的不断发展与成熟，电话翻译技术的出现使得翻译的形式更加多样化、服务更加方便。

从翻译的形式上看，其主要体现在各种不同的符号体系中，主要有以下四种类型：

①语音符号，以电话沟通、谈判等方式表达。

②无声的语言符号，由文字和图形组成，以谈判决议、社交书信、电文、通信及各种文献等的印刷方式组成。

③语音非言语符号，也就是在传播过程中，被称为有声无音的"类语言"符号。这种符号没有特定的音节，也没有特定的意义，它所承载的信息可以在特定的语言环境中传播。例如，笑声可以承载积极信息，也可以承载消极信息；掌声可以传递欢迎、赞成、高兴等信息，也可以表示一种客气的拒绝。

④无声的非言语符号，是一种以动作、表情、服饰等为主的身体语言符号。

这种象征具有明显的国家文化特征，例如，人们的某些行为在不同的国家文化中表达的意义是完全不同的。此外，这种符号还可以加强语音的传播，在谈话中配合适当的身体语言，可以显著地提高口语的表达能力。

从翻译的操作过程来看，翻译实际上包含了理解、转换和表达三个方面。理解是对原始代码进行解析，正确把握原始代码所传达的信息；翻译是指利用各种翻译手段，如口译、笔译，以及各种符号系统的选择、组合、引申、浓缩等翻译技术，把原文所传达的信息转化为译码中的等价信息；所谓"表达"就是用一种新的语言体系来精确地表述。

翻译是一种特殊的信息传递方式。整个翻译过程实质上是一种社会信息的传递，它是由传播者、传播媒介和接受者三方的相互作用而形成的。与传统的交流方式不同，译者所选取的符号不再是原有的符号体系，而是产生了文化转换，但其基本原则与一般的沟通方式是一致的。

二、机器翻译

1947 年，美国数学家、工程师沃伦·威佛和英国工程师安德鲁·布斯一起，提出了用机器进行翻译（简称"机译"）的构想。在过去的数十年里，机器翻译成为国际社会、商界和军事领域的竞争之地。机译是一门涉及语言学、数学、计算机、人工智能等多个学科和技术领域的综合研究，是 21 世纪全球十大科学问题之一。同时，机器翻译技术在实际中有着很大的应用价值。

20 世纪 80 年代中期以来，由于大量使用基于语料库和多引擎的机器翻译技术，机器翻译的性能和效率得到了显著的提升，各种类型的翻译软件层出不穷，因特网的普及也使网络翻译成为翻译的主要方式。

机器翻译可分为文字翻译和语音翻译两种。谷歌现在是单词翻译的领头羊，而且在语音翻译领域也走在了前列。但是，中国数学家、语言学家周海中教授指出，在人们还没有搞清楚语言的模糊性和逻辑性的时候，机器翻译很难达到"信、达、雅"的境界。

三、语义翻译与交际翻译

纽马克翻译理论中最主要的两个方面就是语义翻译与交际翻译。语义翻译和交际翻译是相互补充的。

（一）对纽马克的简要概述

纽马克是英国著名的翻译理论家、翻译教育家，一生致力于英德和英法互译，在翻译实践方面有着丰富的经验。他把功能语法、符号学、交际学等多种方法应用于翻译，把翻译看作一门科学、一门艺术、一门技术，并由此产生了"语义翻译""交际翻译"等著名的翻译策略。这两个概念的出现使传统意义上的"直译"与"意译"概念得到了拓展，从而为翻译研究指明了新的方向。

（二）语义翻译与交际翻译对比

1.语义翻译与交际翻译的定义

语义翻译是指在译入语的语义和句法结构许可的情况下，尽量精确地再现原文的语境含义。交际翻译是指译文对译文读者产生的效果尽量等同于原文对原文读者产生的效果。

2.语义翻译与交际翻译的区别

第一，语义翻译讲究客观性、精确度，顺从源语的文化和原作者。只有当原文本的含义成为人们理解的最大障碍时，才加以解释。而交际翻译则偏重于译文读者的反应，从而使得源语服从于译入语的文化，不给读者留下任何疑点与晦涩难懂之处。

第二，在形式上，语义翻译可以让译文更加贴近原作，并尽可能地保持原作的声音效果；交际翻译就是对句子进行重组，使用更加常用的词语和搭配，以使译文达到流利、简洁、易于理解的目的。

第三，在信息内容和效果相冲突的情况下，语义翻译强调了内容而忽视了效果，交际翻译强调了效果而忽视了内容。

第四，与交际翻译相比，语义翻译要更加复杂、细致，它更注重表达作者的思想活动，有过译的倾向；交际翻译的语言通顺、简洁、清晰、直接，更符合译入语的习惯，往往是一种欠译。

第五，由于语义翻译中没有多余的词语可以帮助读者理解，因此，交际翻译的译文往往要比语义翻译的译文更长。

3.语义翻译与交际翻译的共同点

第一，二者均以认知翻译为基础，并对其进行了修改和完善。

第二，在翻译过程中常常会遇到这样的问题：同一文本中，有些需要进行语义翻译，而另一些则需要进行交际翻译，两者相互促进、相互补充。

第三，只要保持对等性，不管是哪一种文本，都应采用逐字译法，纽马克相信，这是唯一可行的办法。

第二节 英语翻译的相关内容

一、英语翻译的意义

在中国翻译学会成立三十周年座谈会上，唐笙、潘汉典、文洁若、任溶溶四名优秀的译者获得了"终身翻译成就奖"。该奖项成立于2006年，曾颁发给季羡林、杨宪益、沙博理、草婴、屠岸、许渊冲、李士俊、高莽、林戊荪、江枫、李文俊等11名翻译和文化学者。杨宪益与其英国妻子戴乃迭一直致力于向国外读者介绍中国文学，并为此将其翻译为英文。杨宪益所译的《鲁迅选集》已成为外国高校、文化界人士学习鲁迅创作的重要文献；他和妻子合作翻译的《红楼梦》，较20世纪70年代的英译本，保存了最原始的中国文化。沙博理是一名美籍华人，他翻译的中国文学著作超过20种。许渊冲主要是把中国诗歌译为英文、法文。

当然，现如今的翻译已经不再只是少数精英学者的工作了。许多国外的政治、经济、社会、思想、文学、生活等方面的书籍，只要一出版，很快就能见到中文的译本。有许多热心的中国读者愿意免费从事翻译工作，把外国的科技、文化和教育引进中国。

二、英语翻译的必要条件

翻译是一种伟大的艺术，一种永不停息的艺术，一种对语言艺术的重新创造。实际上，翻译是以一种语言形式再现另一种语言形式的语言活动。

（一）翻译理论与翻译实践

翻译是一种跨语种的交际，它不仅是一种语言的转化，同时也是一种文化的移植与传播。翻译学是建立在一定的翻译理论基础之上的，译者既要对中国、西方的翻译历史有所认识，又要了解一些著名的译者及其所提出的翻译观念。例如勒菲弗尔的三因子理论，韦努蒂的异化理论、归化理论等，都是在大量的翻译实践的基础上提出的。因此，我们必须正确认识到，翻译理论是用来指导翻译实践的，而翻译理论又建立在翻译实践的基础之上。

（二）翻译策略和翻译方法的选择

掌握不同的翻译策略和翻译方法也是非常重要的。异化与归化是翻译的两大基本策略："异化"，即保持源语的异域性，并提倡译文应以源语或原创者为最终目的。因此，译者必须采用与源语相对应的语言表达形式，以实现其意义的传递；"归化"就是利用译入语中惯用的语言进行翻译，即翻译必须以目的语或目的语读者为最终目标，以目的语读者的语言习惯来传达原文的信息。关于译者在翻译时应采用什么样的翻译策略，是归化还是异化，至今仍存在着争议。

（三）翻译人员应具备的素质

无论是作为一名翻译专业的学生，还是作为一名翻译工作者，都需要具备以下几个方面的素质：①在熟练掌握翻译理论、翻译方法、翻译技巧的同时，还要不断地提升运用汉语、英语的能力。译者的汉语表达水平决定了其译文的质量。日常生活中要多读汉语经典，认真体味汉语的地道表达；同时，要从英语原文中吸取好的句子，以供学习。②学习英语国家的历史、地理、政治、经济、文化、风俗等方面的知识。此外，还应注重英语中常用的习语、成语和谚语的积累。③主动培养译者的自觉意识，而非单纯地依赖于书籍中的某些翻译理论和技巧。译者要善于观察日常生活中的细节，如商店、公司的中英文标识，商品的中英文简介，英文版报纸等。

三、翻译与文化的关系

翻译是把一种语言（即源语）的信息用另一种语言（即译入语）表达出来，使译文读者能够了解原作者所表达的思想，产生与原文读者大致相同的感受。翻译要求译者从文化的角度准确地再现源语所要传达的意义、方式及风格，因此，译者不但要有双语能力，而且要具有双文化乃至多文化的知识，特别是要对影响两种语言形成的民族心理意识、文化形成过程、历史习俗传统、宗教文化以及地域风貌特性等一系列因素有一定的了解。

一个国家有其独特的语言和文化。语言是一个国家文化的镜子，它就像一扇窗户，向人们展示着这个民族的所有内涵；而文化则是语言的基础，也是其新陈代谢的根本。语言与文化是相互依赖、相互影响的。作为一种文化的载体，语言也是一种文化的核心，是一种文化的编码。语言是民族认识世界的手段，是民族历史文化发展的轨迹，是民族文化传统价值取向、宗教信仰、风俗习惯等文化信息的载体。语言和文化是相互依存、密不可分的关系。文化离不开语言，语言能体现出它的文化。翻译是把一种在特定的文化背景下创作出来的作品进行移植，从而形成一种跨文化的交流。

四、译者的文化意识

在翻译时,译者不仅要具备语言的反差意识,还要具备强烈的文化反差意识。翻译时要充分考虑语言中的民族文化和语言特点,充分了解语言中所蕴含的独特的文化内涵,并尽量将其与原文的文化背景联系起来,使其语言风格、语言形式和艺术特征得以保留。因此,译者在将一种文化进行跨文化移植时,必须慎重考虑其意义。翻译"传播者"应在跨文化交流过程中消除障碍,将原文的文化内涵传达给目标语言的读者。因此,翻译工作者应该尽量让源语文化所反映的世界更贴近目标语文化的读者。

语言是一种文化的载体,它具有丰富的文化意蕴,同时又受到文化的约束。语言一经进入交流,就担负起了理解和表达文化意蕴的重任。翻译就是要使不同国家的文化得以交流。如果脱离了文化语境,就无法实现不同语言国家之间的沟通。

综上可见,译者要有良好的翻译能力,就必须具有一定的文化自觉,并在此基础上不断地增强自身的文化意识,以实现不同语言间的深度交流,促进不同国家的共同繁荣与发展。

第三节　英语翻译的标准

翻译的标准有很多种,虽然有不同的表述,但是有一些是一致和互补的。下面首先简要地介绍一下各种不同的翻译准则。

严复是中国近代史上首个将西方文化引入中国的启蒙思想家,他在引进西方思想的过程中,提出了"信、达、雅"这一标准,这一点对中国当代翻译的理论和实践都有很大的影响。

美国翻译理论家奈达在他的《翻译科学探索》中提出了"对等论",他强调读者的反馈,即译文读者对译文的反应和原文读者对原文的反应应该是一样的。

我国翻译家范仲英对"感受"的翻译标准做了进一步的阐述。他认为翻译是指将原文所传达的思想内涵和表达方式用译入语再现,让译文的读者能够获得与原文读者同样的感觉。如果译文读者与原文读者的感觉大体一致或相近,即好或更好的翻译;如果两者相差太大,那就是翻译得太差,或者根本就不能用。

因此,翻译的基本准则是译文要与原文保持一致。这就是说,译文要保持原文的原意和文体,即将原文的内容与风格准确地传达给译文读者。另外,翻译时要符合目标语的语言习惯，以便读者能准确地理解原文的意思。如果不尊重目标语的语法习性，将其特定的语法结构强行移植到译文中，会使读者难以理解。在翻译过程中，必须重视翻译的标准。特别是刚入门的翻译者，在实际工作中要注意把碰到的问题和翻译原理结合起来，因此，在实际应用中必须正确地选用合适的翻译准则。

一般而言，在实际翻译中，翻译的准则有两个，即"忠实"与"通顺"。"忠实"是指要充分、准确地传达原文的内容，这样，译文读者所能获得的信息与原文读者所获得的信息基本一致；"通顺"就是指译文规范，明白易懂，不存在文理不通、结构混乱、逻辑混乱等问题。

第四节　我国翻译的历史

一、古代翻译史

中国的翻译理论和实践在世界上有显著的地位。《礼记》中已有关于翻译的记载。《周礼》中的"象胥"，就是四方译官的总称。《礼记·王制》提到"五方之民，言语不通"，为了"达其志，通其欲"，各方都有专人，而"北方曰译"。后来，佛经译者在"译"字前加"翻"，成为"翻译"一词，一直流传到今天。

在中国历史上，宗教文献的翻译起着举足轻重的作用，例如佛经的翻译。译者在翻译佛经时，会对其进行一些修改，使其更符合中国的文化。此外，他们还会在翻译时加入中国传统的思想，比如孝顺。

根据史料记载，玄奘是一位志向高远、意志坚定的和尚，他主要生活在唐朝初期。二十八岁的时候，他怀着"见过义真文，回东华传教"的雄心壮志，去印度学习。唐太宗在《大唐三藏圣教序》中这样写道："乘危远迈，杖策孤征，风雪纷飞，路途失守，黄沙尽去，虚空消失。千里山河，拂云而入影，百重寒窗，踏霜雨而上。"玄奘西行印度十七年，一路坎坷，回来时，年约四十五。在他晚年的二十年里，他的主要工作是译经，一共翻译了七十五部佛教经典。玄奘在翻译中国佛教经典的历史上，无论是在数量上还是在质量上，都达到了一个顶峰。印度学者柏乐天把玄奘的译著视为中印两国人民共同的伟大遗产。

北宋赞宁在总结前人经验的基础上，提出了"六例"，并对其六个问题进行了较为详尽的论述。他对翻译的解释是"翻也者，如翻锦绮，背面俱花，但其花有左右不同耳。"这句话的意思是，翻译是一门艺术，就像一幅画，只是在文字上做了一些变化（在左边和右边都有花纹）。

在北宋前期，也曾出现过一些翻译活动，之后就逐渐衰落了，其复兴始于明朝永乐五年。当时，明朝为适应海外运输的需要，设立四夷馆，培养翻译人员。明朝末年，随着西方文化的传播，译者的数量越来越多。不过，当时的翻译重心已经从印度的佛经转向了欧洲的天文、几何、医学等，中国的翻译史进入了一个新的时期。

明朝的一些知名译者也有自己的见解。意大利传教士利玛窦曾说："且东西文理，又自绝殊，字义相求，仍多阙略。了然于口，尚可勉图；肆笔为文，便成艰涩矣。"也就是说，中西两种语言的结构、文字的脉络都不一样，有些西方名词在中国是没有的，用口述的方式来解释尚可，但用书面语言翻译，别人就会一头雾水。

1565—1630 年间，一位中国学者在描述当时的外国传教士对翻译的态度时，曾说过："诸皆借我华言，翻出西义而止，不敢妄增闻见，致失本真。"当时的翻译多采用协作的形式，类似于早期的佛经翻译，中国学者和外国人共同翻译，而中国学者承担了润稿的任务。

二、近代翻译史

鸦片战争之后，中国的有识之士深感学习西方文化的必要性，而中国的翻译史也出现了新的发展。马建忠着重指出了翻译的困难。梁启超曾大力宣扬佛教经典的翻译。一生致力于翻译西方社会科学的严复，在其著作的序言中阐述了翻译的基本原则。他在《天演论》序言中说："翻译三难：信、达、雅。""信"是对原文的忠实，"达"是对读者的忠实，而"雅"则是对文学作品的忠实。"信""达""雅"虽然只有三个字，却体现了作品、读者和语言之间的联系。在严复的翻译作品中，《天演论》的翻译与《原富》的翻译是相近的。他说："这本书（《原富》）和《天演论》是不一样的，我写这本书时，虽然要把它的文理融会贯通，但在词义上却没有任何变化。"在《群己权界论》的翻译范例中，他说："原文的文理很深，句子很复杂，如果按照原文来翻译，很难把人的意思解释清楚，所以必须把原文稍微颠倒一下，这就是中文翻译的方法。"可见《天演论》为达旨之释，《原富》为"言"之"言"，而《群己权界论》为"非言"之"不依"。但不管翻译的方式是什么，有一件事是一致的：那就是尽量避免直接翻译，尽量使用新的单词或短语来表达它的意思。比如，当时的中国没有法律概念，所以就用了"群己权界"。严复在西文词语的意义上做了一次值得称道的尝试，但在这一领域上，他的研究还不够深入。

三、现代翻译史

"五四运动"之后，中国的历史已经步入了现代。中国新文学的崛起离不开翻译。鲁迅是第一个重视翻译并极力提倡的人。鲁迅提倡直接翻译，他的目标是在引进外来思想的同时，也要通过翻译来改变自己的语言。1931 年 12 月 28 日，他写信给瞿秋白，提到了严复。他认为，严复的译文确实是汉唐时期的经文编年史的缩影。中国翻译的佛经，在汉末的时候，就是性直的，严复也不会去学。六朝实在是"大而雅"，其《天演论》中的楷模就在这里。

瞿秋白主张"直译"，这与鲁迅的观点是一致的。他认为，除了要把它的原文介绍给中国人以外，还可以帮助我们创造中国的新语言。但他也注意到，在翻译过程中，如果我们只把一些奇怪的句子塞进去，而不管它们是不是从一个活生生的人的嘴里说出来的，那么，他们就永远不可能把这种奇怪的句子变成自己的东西。他相信，新的语言应该是大众的语言，也就是大众能够理解并使用的语言。

"直译"的意思是，原书中有，但不可删除、不能添加的。这和翻译是否顺畅没有关系。鲁迅的《苦闷的象征》等著作，虽然语言流利，但仍是直译。"意译"的意思是，可以对原文进行增删。茅盾言简意赅地说："现在不需要再用直译了。"但傅斯年、郑振铎、周作人、艾思奇等人都提倡用直译。

第五节 英语习语翻译策略

在翻译实践中，翻译方法是一个非常有意义的研究课题。对翻译方法的研究是每个译者都应该认真对待的问题。习语是语言中最具特点的一种，它具有一定的民族文化特性，所以，习语的翻译并不只是两种语言文字间的相互转换。

一、对应

对应的目的是寻找和获取"对应体"，其前提包括以下三个方面。

①双语中的词汇所指是相同的，也就是对相同的外在世界的东西产生概念上的同构（物体或物体的实体对等）；

②双语句法关系的对应，能实现句子在语义结构上的对应；

③在①②相同和相应的条件下，双语思维表现为形式上的对应或基本对等。

例如：

To strike while the iron is hot. 趁热打铁

Blood is thicker than water. 血浓于水

由于概念范畴的使用是有限制和稳定的，相应地限制了语言的模糊性，这就确保了双语之间的信息交换的基本可能性和稳定性。所以，在双语教学中，"对等"是建立在"对应"的基础上的。

二、替代

"替代"又叫"变换"，在词法上可以说是"易"，也就是把一个词转换成一个可以翻译的"障碍点"，再把它变得通顺。从句法上讲，就是将一句话转换成另一句话，通过原句的表层意思，把握其语义结构，把相同的意思翻译成不同的句子。替代是非常有效的可读性优选法，也是重要的功能代偿手段。比如：

He is teaching fish to swim.

他正在班门弄斧。

After I finished my work, he said that he wanted to give me a hand. I thought that his idea was just to carry coals to Newcastle.

我完成任务后，他说他想帮我。我认为他的想法多此一举。

总之，替代能够突破源语的结构框架，抓住基于言外行为（话虽那么说）的言内之意（实则意如斯），易句而译，因此是进行深层翻译的基本手段。

第六节　文化意象词的翻译

中西文化的差异在很多方面都有反映。从客观上讲，文化差异不但是推动文化交流的动力源泉，也是推动文化传承的动力源泉。

一、文化意象词的内涵

（一）文化意象的概念

"文化意象"是一种以"文化意图"为基础的词语。要想更清楚、更精确地理解文化意图，就必须从宏观层面上对其含义进行认识和分析。文化意图是一个很有远见的概念，它所包含的内容，不管是在形式上，还是在内涵上，都是十分丰富和深刻的。具体地说，文化意图是各个民族在漫长的历史发展中所形成的一种特殊的文化象征，是各个民族在漫长的历史发展中由广大劳动人民的智慧凝聚而成的。在意念的形成方式和特征上，多数都与图腾崇拜有关。由此可以看到，文化意图的内涵呈现出典型的丰富性，而载体的表现形式也是多种多样的。通过以上的分析，可以看出，尽管文化意图在概念上是抽象的，但是它的文化内涵是十分深刻的，它在民族文化的传承与交流中占有举足轻重的位置。

（二）文化意象词的翻译特征

在实际的翻译实践中，文化意象词的翻译呈现出比较困难的整体特点。特别是在翻译过程中，这种类型的词语具有两个特点：一是一个单词含有大量的文化信息。文化一词所涵盖的范围很广，主要表现为文化知识、文化艺术、法律知识、道德观念、风俗习惯，这些都是个体在一定的生活条件下，根据自身的生存而养成的一套习惯。因此，在翻译过程中，译者要尽量充分地表达原文的文化信息。这也是翻译工作者在翻译过程中必须具备的基本素质。二是词汇的含义有很强的独特性。大多数的文化意象词都含有丰富的民族文化信息。在特定的词汇翻译过程中，由于缺少相应的翻译策略，因此，在某些情况下，翻译中存在着"丢失"或"抛弃"某些含义的现象。

二、文化意象词翻译的意义

（一）提升翻译作品的审美价值

文化意象词可以分为以下两类：①形象化的文化意象。尽管在概念上，文化形象是一种抽象的东西，但是在大多数词语的表现层面上，它也是一种形象化的表现形式。一个特定的意象，就是能够被当作一个物体来观察、感受，因而具有与之对应的美学价值。②统一的文化意象。所谓"一元化"，就是"主客观"的文化形象。从语言使用的基本目标出发，使用文化意象词可以更好地传达作者的主观情绪和潜藏在作者思想和精神层面的内容。简单来说，就是要引起译者的情绪与精神上的共鸣，使原文更精确地传达出译文的意蕴和原作者所要表达的感情。

（二）提升文化传播的质量

在中西文化的交流与传播中，翻译是一项非常重要的工作。在翻译中，使用文化意象词是一种有效的方法。特别是在文化交际与沟通中，文化意象词的翻译具有两个重大的作用。①使译文的表现形式更加丰富。在表现形式方面，可以从英汉互译的过程中找出具有代表性的例证。从我国翻译事业的发展与变迁的历史来看，印度佛教传入我国，通过翻译的途径，把很多具体的形象带入我国，其中以"金刚""菩萨""浮屠"为代表。这些词语都被我国老百姓所接受，并且成为中文的日常用语，比如，"救死扶伤"就是一个很好的例子。②减少阅读困难。西方文化意象词的传入，丰富了汉语文化，也减少了汉语读者阅读西方著作的困难。

（三）便于跨文化交流

经济全球化是当今世界经济发展的大势所趋。文化意象词是一种具有地域特征的文化符号，它不仅可以提高翻译的质量，而且要求译者在翻译时要注意中西文化的差异，对促进跨文化交际具有积极的作用。而对大多数的普通读者来说，阅读外国文学作品的译文，可以更好地理解西方的文化。

三、基于文化意象词翻译的东西方文化差异

（一）环境维度差异

生存环境会影响东西方人民的生活习惯和思想状况。宏观生活环境对不同区域居民的生活习惯、思维模式和行为模式有很大的影响。而且，这种影响的效果是长久的，也是深刻的。而从现实角度来看，我们和欧美的生活环境也有很大的不同。英语中，大量的语言和海洋有着密切的联系，其中 fish 则是人们经常使用的单词。而我国在很长一段时间里，农业文明一直很发达。在文化用语中，"土"是一个经常使用的词语，比如，"土生土长""卷土重来"等。在特定的文化意象词的翻译中，一定会反映出客观环境上的不同。

（二）风俗习惯维度差异

当人长期处于不同的生存环境中时，人的思维发展和表现形式也会有很大的差别。这一差别在翻译中反映为文化意象词的不同。从习俗中较为典型的精神领袖图腾来看，我们国家的图腾是龙，英国的图腾是狮子，而美国的图腾是鹰。此外，在我们的传统观念里，红色象征着喜庆、红火，象征着吉祥、美好，而在西方，红色象征着愤怒、气愤等负面的意思，这也是译者在翻译过程中要注意的一点。

四、基于文化差异的翻译策略

（一）保留原有的文化意向

根据以上的分析，我们可以发现，由于东西方的文化背景、风俗习惯、宗教信仰等因素的影响，文化意象词语的使用和表达方式也会有很大的差别，因此，

在实际的翻译过程中，译者必须充分考虑到这些差异，从而实现最佳的翻译效果。而保持原文固有的文化形象，是译者必须遵守的基本准则。从宏观上来说，每一种语言都是相容的，虽然异文化对读者来说理解起来可能会有一些困难，但同时也会让读者对不同的文化产生更多的期望。在当代社会的发展状况下，跨文化交往的日益广泛也为外来文化的传播创造了有利的条件。因此，在翻译中要注意尽量保持原文固有的文化形象，这一点在翻译实践中必须抓住。这样的翻译策略既有利于中西文化的交流，又为译者自身的翻译实践创造了有利的条件。

（二）加入辅助注释

该策略适用于某些需要全面解释的文化意象词，若将复杂度高的词语直接译入文本，则在译文效果和全文组织方面存在着一定的难度。在这个时候，在合适的地方加上一个注解，使其和文章中的词语相结合，是更合适的翻译方法。从译者的具体翻译方法来看，脚注不但不会影响全文翻译的长度，而且可以使读者更全面、更准确地理解有关的词语。

（三）加入辅助性词语

在译文中添加辅助词，可以使译文的内容更加完整。一些作者在文章中所呈现的一些文化意象词，不管是在基本的内容、形式上，还是在内涵上，都比较难理解。这就要求译者在译文中适当地添加辅助词，但要注意，在添加辅助词时，尽量不要太长，以免影响译文的整体结构。

由以上分析可以看出，在中西文化交流的大背景下，"文化意象"这一词语在中国和西方国家都有着深远的意义。它的具体译法是中西文化差异的最典型的体现。在翻译过程中，译者要充分认识到中西文化差异，并在此基础上灵活地使用不同的翻译策略，以使其更好地表达出丰富的文化意蕴。

第二章 英语翻译教学

第一节 英语翻译教学的现状与发展

一、英语翻译教学中存在的问题

自改革开放后，英语的学习风潮在全国兴起。在这种情况下，英语教师忙于总结经验、推陈出新，努力让英语翻译教学更具时代性、针对性、趣味性、交际性，以更好地适应英语学习的潮流。在肯定了英语教师的努力的同时，我们也应该冷静下来，思考一下：我们学习英语的原因是什么？我们学习英语的对象是哪一类？我们能放弃英语吗？这是英语教育工作者和学习者必须面对的问题。

（一）英语翻译教学的目的性问题

我们为何要教授英语？英语是怎么回事？中山大学外国应用语言学教授夏纪梅在她的《现代英语课程设计理论与实践》中写道："教学是学习过程的各个方面、各个阶段、各个环节的设计。""课程的设计是为了实现计划、意图、期望和目标而策划、指导、监督和评价教学的相关方面。"所以，这个计划、意图、期望、目标，我们的"设计师"有没有掌握？

有研究者用问卷调查的形式调查了200余位英语学习者，其中70%的人表示，只要学好英语，将来就有机会去国外学习；大约20%的人觉得学习英语对求职很有帮助；大约10%的人认为，每个人都在学习，他们也要学会一些。上述数据只是一项很小的研究，但至少说明了大多数人都是为出国而学英语。

在英语翻译教学中，我们应当问一句，学英语的终极目标何在？在英语热潮中，我们好像忘记了学英语的本意。让每个中国人都讲一口流利的英语并非终极目标，学英语的基本目的是要爱国，要"洋为中用"，要"取长补短"，要振兴民族。因此，英语翻译教学必须始终坚持一条爱国主义的主线，始终贯穿着一种爱国之情，使学生具有强大的民族自豪感。英语学习者应当从学习中认识到，英语只是一种了解外国文化、学习西方科技的工具，最终的目标是要建设自己的国家，使自己的人民富裕起来。

（二）英语翻译教学中的教师问题

教师肩负着教书育人，培养国家建设者、接班人，提高民族素质的重任。在这种情况下，教师是教学中最关键的因素。这里要讲的是"师之道"。

提到教师，我们常常会想起师是设计者、组织者、管理者、策划者等，然而很多人忽视了几千年来的一条古老的谚语："师者，所以传道、授业、解惑也。"许多教师最多只能传授知识，解答疑惑，却没有能力、没有资格，也没有想过要讲道。没有"道"，一切的设计、组织、管理、策划都只是表象。要想成为一名好的传"道"人，在道德品质、行为举止上都要以身作则，"为人师表"，在教学中树立"威信"。

教师的"威信"并非"威严""权威"，而是一种使学生感到尊重和信服的精神感召力量，一种对学生心理和行为的崇高影响。苏联教育家马卡连柯对这一点做了这样的解释："威信本身的意义在于它不要求任何证明，在于它是一种不可怀疑的长者资望及其力量与品质。可以说，这种资望、力量与品质连在单纯的儿童的眼里也是明白的。"

教师声誉是学生接受教育的基础与先决条件，是对学生产生积极影响的重要条件。在教育中，教师不但要教授知识，而且要用自己崇高的人格影响学生，把正确的生命理念和崇高的道德情感传递给学生。

二、英语翻译教学的发展趋势

在英语翻译教学中，教师是主体，学生只能被动地接受，教师讲授时使用的语言基本上是以母语为主的，很少或根本不讲英语。在中国的对外交往越来越频繁的情况下，采用这种方法培养出来的学生虽然应试能力很强，但是他们不敢开口说英语，一张嘴就会犯错，而且还会犯很多错误。为了让学生更好地掌握英语，必须转变传统的英语翻译教学模式，采用"师生互动"的教学模式。通过这种方式，学生成为课堂的主要参与者，而教师仅仅是指导者。在教学过程中，学生从被动变为主动，其学习成效要比传统教学方法好得多。

（一）使用英语讲课

学生在日常生活和学习中，所听到、所说的全部是汉语。在这样的环境中，一个人说英语就会觉得尴尬，一开口说英语就会紧张；即便是偶尔有人用英语提问，也很难在短时间内用英语来回答。这是值得我们深入思考的问题。在英语教室里，教师讲英语，是为了给学生创造一个听英语的氛围，把英语灌输到他们的耳朵和脑子里。这样可以帮助学生用英语思考问题，在回答问题时也能用英语来表达，从而提高他们的英语语感，并能帮助他们记住单词和词组。

教师用英语授课，并不是要显示他们的英语水准，而是要让学生多接触英语，因此教师在授课时，一定要避免使用专业术语、俚语等，尽量口语化，做到通俗易懂，让大部分同学都能理解。有些学校有外籍教师为学员授课，通过听外籍教师讲授的课程，能迅速地提升听力，并把英语学好。说中文的教师也要讲英语，这样对教师和学生都有好处。英语授课是未来英语翻译教学的重要手段。

（二）使用师生互动式的英语翻译教学方法

改变传统的教育方法并非没用。不管教师采用何种方法进行英语翻译教学，其目的就是要使学生进行更加深入的学习。传统的教学方法可以照顾到大部分的学生，而且可以很好地控制进度，但它的弊端是，只讲教材知识，不能激发学生的兴趣与学习热情，成绩好的学生会感到厌烦，成绩不好的学生也会产生逆反心理。

师生互动式的英语翻译教学方法一改以往师重于生、教重于学、书重于用的情况，在课堂上充分发挥学生的思考能力，使他们在课堂上自由发言，用英语来表达自己的思想。通过互动教学，培养学生对英语的兴趣。而通过互动式的教学活动，不仅可以促进师生之间的关系，而且可以极大地激发学生的学习热情，使课堂的氛围更加活跃。此外，它还可以提高同学们讲英语的自信心。

教师在课堂上不仅要用英语授课，而且要做好下列准备：

首先，要改变以往的座席布局，以教师为中心，让学生坐在四周，让他们有一种平等的感觉。

其次，努力使全体同学都能参与到教学中来。在互动式的课堂教学中，可以增加一些节目或者其他的活动，使大家都能参加，而不是由一个人去做。比如，教师在讲课时，可以在课堂开始之前，就环保问题进行提问，让同学们尽情地发挥自己的想象力。在课堂氛围中，要有技巧地引导学生去听教师讲的东西。对于这种问题，成绩好的同学可以从容地面对，而对于那些表现不好的同学，则要给予他们更多的机会。学习成绩不佳的同学往往会有自卑感，在课堂上总爱掩饰自己，教师要想办法让他们参与到课堂中来，可以采取集体回答的方式，也可以是横向或者纵向依次回答，这样才能防止那些学习不好的同学认为教师是在故意刁难自己。

如学习"on one's way"这个短语时，教师可以这样与学生互动。

教师："Mary said on her way to the library, she ran into Bill."

学生做出反应后，教师问："Where did Mary run into Bill?"

教师可以挑选一位成绩差的学生回答。

学生："On her way to the library."

这时教师要给予肯定的评价。

教师："Excellent! On her way to the library."

差生的答案可能会有更多的错误，教师可以借此机会改正，并提醒其他同学。为避免差生产生抗拒心理，教师应该采取激励措施，以达到预期的效果。

在课堂上，学生是主要的，但是教师的领导力是不可忽略的。教师还要指导学生学习新的知识和新的要点。教师可以在一定的时间内让学生自行学习，只对学生提出的问题进行解答。在完成自学后，教师还要主动地指导学生进行课堂教学。教师可以将主要的教学内容编成表演短片，让学生参加，并将主要的知识融入游戏中。如在学习动词现在进行时的时候，教师可以与学生进行如下对话：

教师："Lily, put up your hand!"

Lily举起手后，教师问："What's she doing?"

学生："She is putting up her hand!"

在学习"Could you help me, please? I can't..."句型时，教师做出扛讲台的动作，问："Could you help me, please? I can't carry it."

学生："Sorry, I can't."

这时，教师背上几个书包，做出压歪了肩头的动作，问："Could you help me, please? I can't take them to my room."

学生："Certainly! Let me help you."

这样，同学们就能迅速地学会所学的句子。教师在课堂结束之前，要把这节课的要点归纳出来，让学生记住。在下一节课上要进行一些小测验，以提高学生课后的学习积极性，这对巩固知识有帮助。

在互动教学课堂上，学生都愿意积极参与，因为融洽的课堂氛围很容易引起学生的兴趣，即使是不喜欢英语的人，也会逐渐地爱上这门课。互动教学是未来英语翻译教学发展的必然趋势。在互动教学中，学生从消极的状态向积极的状态转变，极大地提高了学生的语言表达能力和书写能力。

第二节　英语翻译教学的对象

主体性教育是以满足社会、现代教育发展的需要，以激发和引导受教育者的自主学习为基本要求的，使学生成为独立自主、自觉能动、积极创造的社会主体。在教学过程中，学生是学习知识的特殊主体，也是知识交流的主体。在教学活动中，学生主体的参与是影响教学效果的关键因素。

在新一轮课程改革中，教学活动越来越注重学生在教学过程中的作用，不再仅仅强调教师如何进行教学，也不再强调教师的主体性，而是全面地关注教育双方，特别是作为受教育者的教育对象——学生的主体作用。要使学生从被动的知识接受者向主动的知识接受者过渡，把艰苦的学习变成乐学。新课改提出了"以人为中心"的教学模式，因此，在未来的课堂教学中，应把重点放在培养基本技能和开发创新能力上，使学生在课堂上成为"主宰"，而教师仅仅是"指导者"，在课堂上要让学生主动地参加，使他们的主动性得到充分的发挥。

一、学生

学生是一个特定的社会群体，既是社会存在的重要组成部分，又有着不同于其他社会群体的特殊性。

（一）学生是人

第一，学生具有全面发展、成为完整的人的可能。学生的特殊性表现在他们是不断地接受他人教育的群体。无论是处在人生的哪一阶段，一旦成为学生——

成为教育对象，那么在家庭、学校和社会当中，就要不断地吸收各种有用的知识，使自己不断地成长，不仅包括生理层面上的成长，而且包括心理层面的提高。只有这样才能使学生的素质得到全面的发展，最终成为完整的人。

第二，学生都是有"目的"的。学生学习知识都是有目的的，包括生存、学识、爱好等。在不同的年龄阶段，学生的目的也各不相同，但是唯一不变的是学生的学习都是有其存在的合理意义的，所进行的教学活动都是有章可循的。同时，学生是有情感的、有需要的。为了满足这些情感和需要，学生必须进行学习。

第三，学生具有人的独特性。学生区别于其他群体的独特性在于他们所在的环境和所要遵循的制度是特殊的。正如国家有国家的法制，公司有公司的规章，学生也有适合其身份的纪律。学校是社会中特殊的环境构成体，在这里，学生有区别于社会人的独特一面，即他们会在一个相对单纯的环境里学习各种生存和发展的知识和技能。同时，学生具有的自我能动性使得学生不断努力成为完整的个体。

（二）学生是发展中的人——学生的本质特征

在科技日益发展的今天，"学生"的范围也在不断扩大，现在的学生不再局限地用年龄来计算，很多成年人为了自身更好地发展也重新返回校园接受再教育。尽管如此，学生的发展依旧有下列特点：

第一，作为未定型的人，具有发展的空间和潜能。传统意义上的学生是指在校的未成年人，他们没有任何社会经验，也正因为如此，才会使学生在学习中有足够的空间去选择，在发展的程度上有足够的深度去挖掘。也正是因为这种未定型，才能为国家、为社会培养多样化的人才。

第二，作为未社会化的人，具有引导发展的必要。学生大都在校园里成长，对于社会中的各种人情世故了解甚少，因而在学习中有必要对学生进行正确的引导，使学生能够在离开校园踏上社会后有足够的能力应对各种问题，谋划自己的道路。

第三，作为未成熟的人，学生具有依赖性，需要得到成人的保护、照顾和管教。作为没有任何社会经验的群体，学生的成长环境至关重要。如果缺乏必要的保护和管理，那么很难预测学生在成长过程中会发生何种变化，因而应该对学生进行合理的管教。

二、学生的主体性

人的主体性是人最基本的属性，在这一层次上，教育的基本目标是培养和发展学生的主体性。

学生是教育活动的主体，但对学生主体性的认识存在着几种不同的看法：一是学生主体性不是主体各方面的简单相加，而是主体性发展到一定阶段后的结果；二是学生"在客体活动中所表现出的本质特征"，即能动性、社会性、自主性和创造性。有人说，"主体性"是指在与外界的联系中，作为知识主体的一种功能性表达。教师的认知主体，在主动选择外在信息的过程中，表现出自觉性、选择性；同时，它还在其内在的认知结构、经验、思维方式、情感、意志、性格等因素的约束下，表现出独立性和创造性。一些学者认为，人的主体性包括人的现实性、有效性、能动性、创造性和自主性。也有人认为，主体性具有整体性、自主性、能动性、创造性、独特性和发展性等特点。这些研究各有其自身的特色，有助于我们拓展思维，促进对学生主体性问题的思考。

三、学生的主体性教育

（一）主体性教育的特征

主体性教育是一种对传统教育理念的继承与超越，在保持了传统教育所具有的一些共性特点的同时，还具有自身的特点。

①科学教育的目的是要按照客观的学习规律，引导学生进行主动的思维和自主的行为，从而把人的认识成果转化为知识、智力和天赋，而不仅仅是灌输思想观念，从而形成合理的知识、智力和方法的结构。

②民主、平等的人际关系是在师生关系中创造一个生动、和谐的教育环境的基础，同时也是学生主体发展的基础和先决条件。教育的民主性表现在两个层面：一是将教育转变为一种民主的生活方式，解放了学生的思想，让他们充分地参与到学习中来，让他们能够自由地、生动地发展。二是使学生逐步从学习中养成民主意识，通过民主教育来培育具有民主性的学生。

③灵活性。学生主体的发展是通过活动来实现的，学生要积极地参与到各种活动中去，才能更好地发展自己的主体性。因此，学习行为对主体的发展起着决定作用。教育家或教师试图把知识、道德、要求强加给孩子，而不是让孩子自己去获得知识、道德和要求，这种行为只能损害孩子心智的正常发展，损害他们的人格素质。

（二）主体性教育的原则

可以说，教育学生是教育的起点。从本质上说，主体性教育是以培养和发展学生主体性为目的的一种社会实践活动，这就决定了它的教育定位是以"以人为本"、"尊重学生个性"为核心，以促进学生主体性发展为目标，充分调动学生的主动性和创造性，促进学生全面、和谐的发展。

1. 以人为中心的思想

主体的发展是人发展的根本所在，是主体的生存形态。在教学活动中，要注重学生的主体性，注重学生的自由活动，创造机会和条件，使他们能够充分地发挥自己的才能。只有通过这种方式，学生才能在教学活动中得到全面的发展，从而获得积极的、生动的、主动的发展。

2. 实行多元化教学

多元化是指在教学活动中，课程设置的多样性。在教学实践中，大部分的知识与体验都来自课堂活动。传统的课程体系限制了学生的学习方式，"大一统"的教学方式也不适合我国的国情，因此，要充分发挥学生个性，实现学生的全面和谐发展，就必须在课程形式上进行多元化的设计，以实现学科课程与活动课程的相互配合。同时，结合当地的具体情况，因地制宜，采用一纲多本的方法，使学生的主观能动性得到最大限度的提高。

（三）推动学生主体性教育的方法

1. 转变教师的教学观念

教师在教学中的正确指导，对学生的主体性起着关键的作用。在教学中，教师必须正确认识和认同学生的主体性，以学生为中心，通过启发、点拨、解惑等多种途径，引导学生主动参与课堂互动，将"一言堂"变成"群言堂"。

2. 创设学生自主学习的课堂氛围

在传统的课堂教学中，教师的权威是不容忽视的。在这样一个传统的、强势的氛围下，学生的自尊心会变得脆弱，他们的人格和创造力也会被轻易地摧毁。所以，提倡师生平等、和谐的课堂氛围，才能真正地实现民主的教学、民主的课堂环境，这也是培养学生主体性的一个重要客观条件。在课堂上，教师要主动引导学生进行思考，鼓励他们表达自己的观点，并在师生之间进行民主的交流，从中获得新的知识和观点。教师应抛弃传统的"满堂灌"式的教学方式，给予学生自由思考的空间，并充分发挥其主观能动性。教师要平等地对待不同层次的学生，要做到"因人而异"，对于学困生，要针对他们的缺点，给予他们更多的关心、更少的批评。同时，要鼓励同学们互相帮助，不能让优等生有一种高高在上的感觉，更不能让学困生有一种自卑的感觉。

3. 为学生主动参与教学活动提供机会

建构认知冲突是提升学生课堂参与度的一个重要途径。在教学过程中，学生的参与意愿是影响学生学习兴趣的一个重要因素，因此，教师必须充分利用这种学习动机，使学生积极主动地参与到课堂中来。认知冲突是激发学生主动思维的动力来源。因此，在教学过程中，要经常设定认知冲突，以达到激发学生参与意愿的目的。

采用实验探究的方法使学生在教学中的主体性得到充分的发挥。在实验探究教学中，教师要明确学生的原有知识，清楚地了解学生的学习目的，并制定适当的教学计划，通过测验验证该方法的正确性。同时，在教学过程中，教师要积极地设计问题分析情境，使学生能够积极地进行分析、解决和讨论问题，并以协作的方式激发学生的学习积极性。

第三节　英语翻译教学的环境

环境主要是指我们所观察的对象所处的各种状况和条件，是影响人在社会中生存的各种外在因素的总和。从广义上说，教学环境包括课堂环境、学校环境、学习环境等。英语的教学环境对教学的影响是巨大的。

一、教学环境的概念

国内外许多学者对教育环境问题都有不同的看法，主要包括以下几种观点。

美国学者克诺克认为，教育环境是指由学校、家庭等多种物质要素组成的学习空间。它包括"学校建筑、图书馆、实验室、操场，还有在家里学习的地方"。澳大利亚学者弗雷泽认为，课堂生活环境由课堂空间、师生之间的人际关系、课堂生活质量、社会气氛等要素组成。美国学者霍利把教育环境看作一种温馨、安全的课堂氛围，它可以启发学生的创造力。国际教育绩效评估协会（IEA）将教学环境视为一个由学校、家庭和社会环境组成的研究环境。美国学者辛克莱尔把教育环境看作"各种条件、力量以及各种外在的激励，这些条件可以促进学生身体和精神的发展"。

我们相信，教学环境是一个特别的环境，是指与教学相关的、对教学产生影响的各种因素的总和，包括学校教学的时空条件、教学设备、校风班风、师生关系等。这些均可以给学生以极大的吸引力，使学生主动思考，创造良好的学习环境。因此，在教学过程中，教师要为学生营造一个良好的学习氛围，从而达到事半功倍的效果。

二、语言环境对于英语学习的重要性

美国学者舒曼于 1978 年提出的文化适应假说，从环境和情绪两个方面对二语习得的研究进行了思考。文化适应假说认为，二语学习者在目标语群体中的"心理距离"和"社会距离"是影响其学习成效的主要因素。从英语翻译教学的观点来看，"社会距离"是指英语学习者和英语社团的密切联系，包括社会优势、融合策略、社团封闭、团结密度、文化相近、彼此态度。下面我们就"社会距离"的含义，从以下几个方面进行详尽的论述：

①社会优越性：相对于英语社团来说英语学习者在文化、政治、经济、科技等方面的地位的强弱及中美两国实力的强弱直接影响到英语学习者与英语社团的联系。两国关系愈趋均等，社会差距愈缩小，英语学习者愈渴望与英语团体交流与学习。

②融合策略是指英语学习者对英语语言社团的文化所采取的策略，一般有同化、适应和保留三种。其中，采用同化策略的英语学习者的社会距离最小，而采取保留策略的学习者社会距离最大。

③社团封闭是指英语团体和英语学习者在生活、工作和社交设施上的共用程度。两派愈是彼此隔离，彼此间的隔阂愈大；而融合得越多，社交的差距也就越小。

④凝聚力是指英语团体中英语学习者的凝聚力。英语学习者的群体规模愈大，社团间的交往愈少，社交距离愈远。

⑤文化接近：英语团体和英语学习者的文化程度愈接近，就愈易于融入，社交距离愈小。

⑥彼此态度是指英语协会和英语学习者之间的相互关系，积极的态度会减少社交距离。

⑦心理距离：文化适应性模型的研究表明，"心理距离"对英语的学习也有

一定的作用。特别是在以上几种社会因素对英语学习没有任何影响的情况下，个人和团体的心理因素都会起作用。

⑧语言冲击：英语学习者在学习、运用英语过程中产生的一种挫折感和恐惧感。当学习者在学习和运用英语时，对批评、嘲笑的恐惧程度越高，就会产生越大的心理障碍，与所学语言的心理距离也会越远。

⑨文化冲击：英语学习者在加入英语社团后，因不同的文化背景而产生的紧张、抵触情绪。越是焦虑，就会产生越多的心理疏远。

⑩学习动机：英语学习者在英语学习过程中产生的一种综合学习或工具学习的动力。具有整合动机的学生在英语社团中表现出较少的心理距离；而具有工具动机的学习者由于某些特定的目标而需要学习，他们对英语社团的兴趣不高，心理距离也比较大。

⑪自我渗透：英语使用者与英语团体的接触越多，其自身边界的渗透性越强，因而对英语团体的心理距离越近。

⑫群体距离：在文化适应性模型中，"群体距离"是指"社会距离"，"个体距离"是指"心理距离"。

英语学习的结果因人而异，如年龄、学习能力、动机、态度等非言语因素的影响。然而，由于不同的个体差异并不十分显著，所以，影响英语学习的主要因素仍然是社会因素，甚至是个人因素，如学习能力也常常与英语学习有关。

三、英语翻译教学中创设语言环境的方法

（一）运用浸入式教学方法创设英语学习环境

浸入式教学是把英语当作一种教学语言，让学生置身于英语的氛围中，而教师则用英语来组织各种教学活动。浸入式教学以"直接学习、相似习得"的形式强调英语的工具功能，使英语与学习者的认知活动相结合，以生动、形象、有趣的形式表现英语。

英语学习者的年龄越低，其在学习二语时所面临的困难与心理压抑问题就越少。英语学习者应该以交互的形式进行英语学习。语言交际对外语学习者非常重要，原因在于，人们的口语流利不是通过语法的训练，而是通过有意义的交互作用而自然而然地学会的。英语翻译教学应该与各种学科的学习相互结合，并与人们的日常生活紧密结合。英语翻译教学应该使学生获得快乐，而不是单纯的痛苦。营造浸入式教学的情境应包括：第一，建立平等、友好、和谐的师生关系；第二，

应设置多种教学模式，为学习者创造英语学习的良好氛围，实现"教师不教而教，学生不学而学"的理想境界；第三，在进行教学时，要采用肯定、赞赏和鼓励的语言；第四，使用直观、形象、形式多样的教学工具，如多媒体、录音带、教学光盘等；第五，创设生动、多样的情境教学模式，以激发学生的学习兴趣。

（二）利用英文电影进行英语翻译教学

英文电影的语言真实、幽默，借助英文电影教学是英语翻译教学的一种行之有效的方法。一部优秀的英文影片不仅可以覆盖英语学习中的语音、语调等元素，而且能够用生动的画面来表现英语家庭的生活。在英语翻译教学中，欣赏英文影片可以帮助学生创造一个良好的学习环境，培养英语的听说读写技能，从而激发学生在学习中的积极情绪，增强学生英语学习的自主性和应用能力。

在实行"英文影片鉴赏"的情境教学法前，教师一定要谨慎地挑选影片。英美的影片种类繁多，但并不是所有的影片都是适合学生的，应选择一些适合英语教育的。当然，英文影片的故事要有一定的娱乐性，但如果忽略了取舍的准则，就只能停留在娱乐的层面，浪费了宝贵的课堂教学时间。要确保课堂教学的质量，教师要根据语言是否健康、是否忠实地反映英语国家的主流文化、是否具有深刻的教育性等几个标准，选择语言丰富、文化内涵丰富的影片，如《勇敢的心》《死亡诗社》《放牛班的春天》《辛德勒名单》和《肖申克的救赎》。

另外，为让学生更全面、更深入地了解影片，教师要在欣赏影片前，向同学们提供有关历史、文化背景、人物简介、重点生词、俚语等知识，以便让同学们能够更全面、更深刻地了解影片的内容。在观看电影时，要通过角色扮演、自主提问等形式，不断加深学生的观影体验。在课堂上，教师也要对同学进行英语技巧的培养，如小组讨论、写作评论等。同时，教师还可以鼓励学生根据自己的喜好，推荐自己喜欢的影片，以增强学生的学习积极性，增强课后的学习效果。

英文影片教学是目前英语翻译教学中普遍采用的一种教学方式，经过多年的实践，收到了很好的效果，深受广大师生的欢迎。

（三）准自然语言环境的创设

语言作为一种交流手段，只能在一定的语境中学习。对语言习得的人来说，他们可以在自然、真实的语言环境中，在日常的生活中，在耳濡目染中学会并且熟练地使用语言。而大部分英语学习者都是在自己的母语环境中学习英语，缺少学习英语的天然环境，这就成为英语学习的一个重要障碍。为使英语学习的困难降至最低，学校和教育者应该积极采取以下三种方法，积极营造出一种天然、真实的"准自然语言环境"。一是在课堂上尽可能地运用英语翻译教学，并加入"可理解的语言输入"，以促进学生对英语的思考，并降低母语的消极影响。二是针对各个学科的特色和主题，采取不同的教学方式，并加以合理的组织。三是结合教学内容，进行模拟真实的点菜、问路、看病等角色扮演。

总的来说，我国学生在英语学习中确实存在着"心理距离"与"社会距离"，这对他们的学业表现有很大的影响。因此，缩短"距离"对于英语的学习是有好处的。英语翻译教学要创造良好的语言环境，缩小社团间的优劣差距，突破社团的封闭性，提高学生的融合策略，可以帮助英语学习者更好地理解和接受英语文化。在英语翻译教学中，为学生创造一个不怕犯错、不断改善学习方式、克服心理障碍的良好学习氛围，是一种非常有价值的英语翻译教学方式。

四、英语翻译教学中的校园英语环境建设

良好的英语环境对于学习者起着潜移默化的作用。为学生提供尽可能真实的材料和尽可能真实的语境，已经成为当前英语翻译教学面临的一项重要任务。为此，我们有必要从英语翻译教学与日常生活的环境入手，对学生每天接触最多的校园软、硬件环境进行改造和建设，使之成为有利于英语语言习得的外在因素，并最终激发学生自觉提高英语综合素质的内在动力。

（一）英语翻译教学与校园硬件环境的建设

校园硬件环境主要是指校园及课堂的基础设施和教学环境，是学生每天学习的主要场所。加强硬件设施的英语环境建设，最能激发学生的英语学习兴趣，培养他们理论联系实际、学以致用的实践能力。例如，在校园的各处建筑、景点、教学和办公等场所，可以布置双语的标识牌；外语教学单位的宣传板或通知栏中都可以使用英文作为工具语言，营造出英语学习的浓厚氛围，培养学生对周围事物的语言认知；在图书馆、电教室等学生学习的场所，可以提供英文杂志、原版书籍、英文原声影视音像等英语资源，让学生在寓学于乐中增加对英语的感性认知；而在学生的日常生活场所，还可以建立英语角、英语沙龙、英语咖啡屋等交流空间，吸引和鼓励中外学生互动交流，让英语走出课堂、走进生活，为学生提供以英语为交流工具的真实环境。同时，在校园硬件环境的各处细节中，也要有融入英语的意识，例如校园广播可安排形式多样的英语节目，校园网设有英文网站等，这样便可以让学生随时随地置身于英语的环境中，在潜移默化中养成英语语言使用习惯。

（二）英语翻译教学与校园软环境的建设

校园英语软环境建设主要是指英语语言及相关文化背景知识在日常教学和生活各个环节中的合理使用和有效介入，对于促进学生英语语言习得具有示范引导的作用，有利于培养学生的跨文化交际意识，因此常常取得比传统英语翻译教学更为显著的效果。

首先，教师要保证在英语课堂中全程使用英语授课，鼓励和督促学生使用能力范围内的英语进行课堂互动，在教学中合理使用英语翻译教学课件和辅助设备，创造一个用英语思考和研究的教学氛围。

其次，英语教师在校园中可以将英语作为主要交流语言，对学生进行课下答疑或课外辅导时尽量使用适合学生水平的英语表达，只有教师起到时时用英语的表率作用，学生才会达到处处练英语的学习效果。

最后，在校园学习生活中还应该为学生更多地安排与英语有关的学习和文化活动，如组织各类英语演讲、辩论、影视配音、翻译比赛等，让学生在竞争中认识到自己的不足，增强英语学习的进取心；组织各类与英语文化有关的戏剧表演、文化节、创新实践活动等，让学生增强英语学习兴趣、开拓文化视野、提高英语运用水平。当然，校园英语软环境的建设还远远不止这些，学校、院系和教师必须注重影响学生英语水平的环境因素，处处为学生创造有利条件和实践机会，只要想到并做到这点，学生的英语翻译教学水平便一定会从一点一滴的量变达到质变的飞跃。

传统英语翻译教学存在着教学内容单一、缺乏语言环境、缺乏实践机会等问题，而建立一个良好的校园英语软、硬件环境，既丰富了教学资源，又丰富了教学工具，激发了学生学习英语的主动性，使学生能够在生动、真实的语言环境中体会到纯正的英语语言，掌握英语语言知识，理解语言的使用环境，从而在不知不觉中增强综合应用和实践能力。

第四节　英语翻译教学的基本策略

一、英语翻译教学策略

随着世界经济一体化的发展，世界各国的经济文化往来日益频繁，英语作为沟通的工具越来越受重视，英语翻译教学已经成为中国甚至是世界发展中的一个重要组成部分。

（一）语音是基础，需采取肯定的教学方式

英语翻译教学首先要讲的就是发音。英语翻译教学以语音为基础，语音是所有语言的基石，之后的阅读、口语、写作都是建立在这个基础之上的。同时，我们还从学生的自信心水平出发，着重强调语音教学在英语翻译教学中的作用。一个学生只有对自己的发音有信心，才能在以后的学习中主动开口，这是一个很大的进步。应试教育下的学生在英语学习中普遍出现了"开口难"、"哑巴英语"等问题，究其原因，要么是发音不佳，要么就是对英语的信心不足，还有就是系统的问题了。为何很多学了十年英语的同学都"羞于开口"，这真的是"害羞"吗？大部分英语学习者都会先说"我的发音似乎很差"，"我的发音和电视上的不太一样"。作为一名英语非母语学习者，要想发音与英语民族的发音几乎一模一样，是存在着一定困难的。因此，教师要培养学生的自信心，正确引导学生，使其不会因自己的要求太高而自卑。

总之，英语语音教学的三个要点是严格传授知识，建立正确的评价标准，培养学生的自信心。在学习过程中，要使学生对发音的好坏有一个正确的认知，从而使他们更加自信。在传递知识、及时纠正错误的过程中，要采取积极的方法，不断地激励学生，使他们对自己的英语发音有信心，并爱上英语。

（二）语法教学必不可少，但一定要掌握适度原则

关于英语语法，目前有两种不同的观点。有些人相信，掌握语法是非常关键的。从目前的英语教育状况来看，语法教学是非常重要的。但是很多人是为了实际应用而学英语的，在日常的交流和阅读资料时这些太深奥的语法用处不大。而且有些教师过于强调语法，让学生从语法的角度去考虑英语，一切都以语法为先，只要一见到句子，就会去分析它的语法成分和时态，因而忽略了英语的真正意义，英语的实际作用也就荡然无存。因此，英语的学习不能只学语法，而要从实际操作开始，如听、说、读、写，通过反复实践，自然地学会英语。

实际上，把英语的整个学习过程比作一座房屋，那拼写的单词就是砖块，语法就是钢筋铁骨。英语终究不是我国学生的母语，想要完全依靠英语学习很难，除非在儿童时期就能完全融入英语的氛围中。但是，我们身处中文的语境之中，中文的语序、语感是无法摆脱的，单纯依靠一天、数个钟头的训练，很难掌握英语的表达形式，更不可能形成英语的语感，更不可能自然而然地掌握英语的思维模式，所以，讲一口流利的英语就更困难了。

在英语翻译教学中，一定要注意语法内容的适度和实用性。重视语法的应用，通过反复练习，帮助学生全面掌握语法，使其运用灵活、反应迅速。俗话说，熟能生巧。一个完整的语言体系只有在反复运用之后，才能逐渐成形。当这种结构在你的头脑中根深蒂固，你的语感和英语的思考模式就会逐渐成形。

（三）语用教学应当抓住重点，引导学生形成语感和英语语言思维方式

语用是指语言的实际使用，包括听、说、读、写等所有的语言活动。语用教学是指在教学活动中设定一个情境，并将一个任务安排给学生，让他们用英语来完成。由于英语语用教学包含了听力、会话、阅读和写作等多方面的内容，因此语言运用的方法也是多种多样的。在语用教学中，应该使学生掌握任务的中心。例如，听懂对话和讲话；对话需要沟通顺畅，既可以让别人明白自己的意思，又可以了解别人的意思；阅读要理解大意，掌握中心意义；而写作要用英语来构思，用英语来表达。

在英语翻译教学中，培养学生的语感是非常必要的。在语感的形成中，学生要尽量发挥自身潜意识的作用。在英语翻译教学中，应该增加英语运用的环节，让学生运用英语分析问题、解决问题，从而使他们能够充分地运用英语来思考问题，产生语感。比如，阅读就是要让学生了解文章的主旨。学生在碰到一个或两个新词时，便会立即查阅词典，这是一个不好的习惯。读书的目的在于了解其本质，而非发现生字，查找字典。但是有的同学心中却有一个疙瘩，觉得不认识一个单词就会影响阅读。想象我们平常在报纸上读中文，或多或少都会碰到生词，而谁会停下阅读来查词典？那些生词对理解文章的本质有什么影响？所以，阅读的第一要务是理解文章，它的潜移默化的作用在于培养学生的语言能力，形成语感。当然，在完成了第一项阅读任务后，还可以帮助你记住更多的词汇。

英语的思维模式是用英语来表达自己的思想。如果你觉得一种食物很美味，你应该说"It's so delicious."。英语的思维模式是一种语言的思考模式，是一个完整的系统。

二、交际教学与语法教学相结合

英语是一门世界性的语言，其地位举世闻名，因此，英语的学习就显得尤为

重要。英语语法是学习与使用英语的关键环节，而怎样正确地学习英语、正确地掌握英语语法，就成为广大英语教师孜孜以求的目标。在中国走向国际化的今天，交际教学受到了越来越多人的欢迎。如何将交际教学与语法教学有机地结合起来，成为英语翻译教学中的一个重要问题。

（一）传统语法教学方法及其利弊

1. 传统语法教学方法

"归纳"与"演绎"是语法教学中常用的两种方法。在英语课中，大部分都是采用演绎的形式，即教师讲解文法，学生做习题。教师是课堂中的主要角色，在教学中不断地向学生灌输知识。而归纳式教学方法，即学生根据所提供的资料，对语法结构、意义、用法进行归纳。然而，这样的教学方式并不常见。

2. 传统语法教学方法的利与弊

（1）传统语法教学的优势

传统的语法教学方式能够帮助教师节省准备的时间，让学生有充足的时间来写笔记，为以后的复习做准备。

（2）传统语法教学的缺点

传统的语法教学显得特别单调、乏味，既不能使学生产生学习的兴趣，又不能使他们更好地与课堂融为一体。

（二）交际教学及其利弊

1. 交际教学概况

（1）交际教学的内容

海姆斯、韩礼德等语言学家的英语理论为交际教学的形成打下了良好的基础。我们都知道，英语语法的学习主要是为了提高英语运用技巧，使学生在与外国人进行沟通时更加流畅。交际教学以培养学生的语言能力为第一要务，所选用的语言素材真实、地道，倡导将英语与情境相结合，并鼓励学生不以英语为负担，尽可能多地接触并运用英语。

（2）交际教学的方式

交际法的教学方法多种多样，其中最重要的一种是以学生为中心，教师要创造一个情境，让学生在现实生活中感受到英语的重要性，并通过玩游戏的方式来了解英语的用法，从而使学生增强掌握英语的灵活性，提高他们的自信。

2. 交际教学的利与弊

一切事物都是有利有弊的，我们要正确认识交际教学的优点和不足，合理运用交际教学。

（1）交际教学的优越性

交际教学法是一种以学生为中心的教学方法，它能发现学生的真实需求，解决学生在学习过程中遇到的问题；交际教学强调了交际能力的培养，并鼓励学生在特定的社交场合正确地运用英语进行交际。此外，交际教学还能增强师生之间的联系，使教师真正发挥"良师益友"的作用。

（2）交际教学的弊端

当前，交际教学中还存在着许多问题，例如，目前课程标准的变化，使语法编排的系统性难以得到保证。在感受到交际教学中轻松愉快氛围的同时，学生可能不会充分关注语法知识。另外，交际教学中存在着喧宾夺主等问题。交际教学最大的缺点是学生在课堂上缺少练习资料，不利于复习。

（三）交际教学与语法教学相结合在英语翻译教学中的应用策略

把交际教学和语法教学结合起来进行英语翻译教学，这不但标志着我国的教学体制在悄悄地改变，而且也使我们在中国英语翻译教学中可以看到更加真实、生动、有趣的教学场景。在英语翻译教学中，交际教学和语法教学若能有效地融合，将使中国学生摆脱"哑巴英语"的困境。

三、改进英语翻译教学方法

教师有责任多给学生创设运用英语进行交际的机会，从而使学生学会流利地使用英语。教师要尽力安排一些语言活动，使学生认识到所学语言在课堂外仍然有用。教师应要求学生用所学语言自己组织活动，从而使学生清醒地意识到，英语在他们日后的工作中将会大有用处。教师也要给学生提供语言环境，使学生明白中英两种语言之间的差异，从而弥补语言学习上的不足。语言需要满足各种各样的生活交际的需要，只有把语言作为交际工具来使用，学习者才会获得更多的东西。

教师应重视英语翻译教学方法的研究和改进工作，使学生掌握更多的英语知识，提高英语水平。

（一）学校现行主要英语翻译教学方法

截至目前，国内外出现了诸如语法翻译法、直接法、听说法、视听法、认知法、暗示法、六步听写法、四步连读法、情境法、交际法、折中法等教学方法。这些方法对我国不同时期的英语翻译教学都产生过较大的影响，并对我国英语人才的培养起着积极的推动作用，同时也有力地促进了社会各方面的发展。

（二）英语翻译教学方法改进建议

1. 采用电化教学，编制教学软件

电化教学对英语课堂教学可以起到以下作用：创设情境，激发学习兴趣；增加知识，提高学习效率；学习地道英语。采用直观的电化教学手段有助于启发学生的思维，创造情境，帮助学生树立信心。生动、逼真的图像能够吸引学生的注意力，消除学生对词汇的陌生感，使学生能够根据屏幕图文编出对话。电化教学能让学生在课堂上见其形、听其声，把语言思维和形象思维结合起来，把视觉和听觉结合起来，使学生的多种感官参加记忆，从多种渠道输入信息，从而使学生对语言知识的记忆更加牢固和准确，语言技能更加熟练。电化设备还能提供标准的英语语音和语调，便于学生听音、辨音和模仿。

随着家庭电脑的普及，计算机辅助教学作为一种教学手段，其使用价值越来越大。计算机辅助教学目前通常采用的教学模式有6种：①练习；②个别指导；③对话与咨询；④游戏；⑤模拟；⑥问题求解。在具体的教学过程中，可以按照教学内容和目标的要求，将其交叉应用于不同的教学内容或教学环节中。英语翻译教学课件的制作要考虑到学生的实际情况，结合教材和教学的实际需要，由教师自行设计。教师要自主研发具有针对性和实用性的软件，并应用到实践当中。

2. 从语言的学习到使用的转变

语言知识是为交际服务的，而语言知识又是在交流中得以掌握和巩固的。

听、说、读、写四项技能相互依存、相互促进，要使四项技能的综合效果最大化，实现知识的转换，可以采取如下措施：①把基础的语言和基本的技能结合起来。②了解并掌握英语的基本原理。只有明确了这些原则，英语教师才能从宏观的视角看待问题。③增加读、写的次数。教师可以在一定程度上增加抄写、听写和一定数量的语法训练，以克服阅读和书写的不足。

3. 加强对文化背景的教育

由于不同的文化背景，人们在使用语言时会有不同的表现。比如，中国人经

常会问别人："你多大年纪了？"而对于西方人，特别是女性而言，这是一个禁忌。中国人经常谈论薪水和收入问题，甚至以此来表达对彼此生活的关心，但对于西方人而言，这些问题很难被接受。此外，在不同的文化环境下，同样的单词也会有不同的含义。例如，汉语中"狗"可以用来形容一个讨厌的人，但是在美国，"狗"这个词却是一种很好的表达。要想学会并使用一门语言，首先要认识它的社会，了解它的社会文化。不然，就不能正确地理解和使用这门语言。

第五节　英语翻译教学的基本思路

一、英语翻译教学的基本思想

（一）英语教师要从整体上提升自己的能力

英语教师在强化自身学习的前提下，要主动参与再教育、再培训，持续提升自己的专业能力、更新教学观念。教师不仅要教授知识，还要教学生多种学习方式。教师应不断提高自己的听说能力和信息化教学技术，可以到校外观摩学习名师的教学方法，亲身体验，灵活运用教学资源。在教学工作中，要积极开展教学科研、教学改革，要经常听课、讲课、评课，与同学们进行交流，组织集体备课、课堂教学专题研究、优质课评比等活动，相互学习、共同提高，从而提高教学教研水平。此外，英语教师还应该运用自己的思维，利用自制教具，创设情境，克服辅具短缺和外语教学器材短缺的问题。

（二）教师应使教学方法和教学手段多元化

当代社会信息渠道的多样化必然导致大学生获得知识途径的多样化。在实施素质教育的同时，也要采取各种教学方式，使学生的学习能力在整个教学过程中得到有效的体现。因此，在教学过程中，教师要尽可能地探索、应用各种有效的教学方法与手段，并通过多种形式的、效果显著的教学方法最大限度地激发学生的学习热情。

（三）英语教师要不断探索英语翻译教学的新理念

国家强盛不衰的根本就是人民的不断创新，一个不断开拓创新的民族前途不可限量。教育在于启发学生的创造动机，鼓励学生创造性地表现，以增进创造才能的发展。

教师要转变教育理念，树立创新意识；要坚持教学方式的创新；要把握教育与教学艺术的关系，了解如何组织、实施教学，以满足创造性教育的需要；在教学过程中，要培养学生的发散思维。

二、创新思维在英语翻译教学中的应用

（一）以疑解惑、创设情境、创造气氛、创造环境

教育心理学的研究显示：在没有心理压力、心理负担，心情舒畅、情绪饱满的情况下，大脑皮质会成为一个活跃的核心，并具有创造性的思考能力。因此，教师要营造和谐、宽松的教学氛围，充分发挥教师的领导作用，凸显学生的主体性。在英语课堂中，每个环节都应该设置多条信息沟，分层递进，并根据所学的内容和语言素材，设置适当的灵活度高的试题；教师通过设计这样的思考题，使学生能够进行讨论、辩论，而这既可以促使学生主动使用语言素材来组织新的语言内容，也可以帮助学生在相同的信息中寻找不同的答案。

（二）拓展思维，增强创造性思维

有人曾说过："好的先生不是教书，不是教学生，乃是教学生学。"研究发现，讨论式和质疑式的教学更有利于学生发散思维和创造性思维的发展。教师要丰富学生的想象力、主动探究、坚持自己的观点的能力，就要善于发掘教材中的创造性元素，通过创设情境，使学生积极运用所学的知识大胆进行创造。

在英语教学中，教师要善于设计具有创意、独特、能引起学生共鸣的题目，使他们能够自主思考，然后进行小组讨论和头脑风暴；还可以利用所教授的知识，让学生自由发散，编写新的内容。如一篇课文完成后，可以在黑板上写出一些关键词语，让同学们自行编写。

总之，学生的学习是一个认知和探索的过程。英语课堂教学应充分发挥学生的主体性，积极探索新的课堂教学方法，引导学生发现、探究、解决问题，培养学生的开拓精神和创新意识，发展学生的求异和创造的能力。

三、英语翻译教学的新思考

随着社会和经济的迅速发展，大学生的英语交际能力已成为选拔人才的重要依据，而英语教学方式对提高大学英语翻译教学的质量有很大的影响。

英语翻译教学历来都是大学教育的一个重要组成部分，尤其是随着我国改革

开放和国际交往的不断深化，英语在社会上的应用越来越广泛，英语翻译教学也越来越受到人们的重视。随着大学规模的不断扩大，更多优秀学生涌入大学。英语是大学的必修课，其重要性不言而喻。如何改善和改进大学英语翻译教学，促进英语翻译教学发展，提高学生的整体素质，是目前大学教育面临的重大课题。

新的课程标准对大学英语翻译教学目标提出了更高的要求，即在英语课堂中，应注重提高学生的信息分析和获取、处理问题的能力，并以英语的思维模式进行交流与表达，提高自身的国际交往能力和对外国文化的认识。

第三章　不同文体翻译实践

第一节　文体与翻译

当前国内外市场对应用文类翻译人才的需求逐渐增长，这种客观形势也对翻译从业者提出了更高层次的要求，传统意义上的高校人才培养模式已经远远不能与时代需求相适应，从一个崭新的视角加强对应用文类翻译人才培养的理论性和实践性研究势在必行。

大体而言，文体是指具有实际功能意义的语篇在不同行业领域的具体化运用。不同的文体通常具有不同的语言风格类型、实用意义和表达习惯等，因而，要想更好地明确应用文类翻译人才培养的相关内容，对文体与翻译相关内容进行研究就非常有必要。

一、文体和翻译的内涵

（一）文体的内涵

中外很多学者都对文体的内涵进行过探讨。

《古代散文百科大辞典》对"文体"的解释包含两层含义：一是指文章的风格体制；二是指文章的表达方式及规格程式。

英国作家斯威夫特认为，文体风格就是将恰当的词语用在恰当的地方。

美国作家艾布拉姆斯认为，文体风格是文学体裁的表达方式，与说话人如何表达自己的思想有关。

（二）翻译的内涵

关于什么是翻译，国内外专家和学者从不同的角度入手，提出了不同的观点。

1. 符号学角度

从符号学角度研究翻译的内涵始于 19 世纪末 20 世纪初。很多符号学的研究专家和学者认为文化背景和语境在信息传递中产生重要影响，进而将翻译界定为"涉及全人类交际系统的交流活动"。

众所周知，语言符号学旨在利用语言符号本身并借助符号学的思想理念研究语言学科的相关问题。从符号学角度探讨翻译的内涵其实也是将语言符号作为主要研究对象，推动翻译研究向纵深方向发展。

根据我国学者王恩科、李昕、奉霞等人的观点，从符号学角度可以将翻译过程阐释为信息输入、黑箱和信息输出三个阶段。但是，"黑箱"阶段缺少具体而确切的描述，因而这一解释对翻译内涵的理解并没有实质性的帮助。

国内还有一些学者在界定翻译内涵时也在不同程度上借鉴了翻译符号学的概念。杨贤玉从广义和狭义两个角度对翻译内涵进行了分析。在广义层面，他将"基本信息"的转换作为侧重点，将翻译称为"符际翻译"。具体来说，翻译不仅涉及本族语言与非本族语言、方言与民族共同语、古语与现代语、语言与非语言（符号、数码、体态语等）之间的信息转换等，还涉及各个不同语言间的翻译、语言变体间的翻译和语言与其他交际符号的转换等。在狭义层面，翻译通常是指"语际翻译"，具体来说，是用一种语言符号解释另一种语言符号，如英译汉、汉译英、法译英等不同语言之间进行的翻译。许钧对翻译的界定不再单纯地局限在语义转换层面，而是扩大到言语符号层面，同时还包含人类的整个交际系统。他认为，作为一种跨民族的交流，翻译以象征转换为手段，意义再生为使命。这一界定是对语言学研究的拓展延伸，在很大程度上继承了语言学中的"转换"和"对等"思想。

2. 语言服务角度

随着现代化网络技术的发展和各种新技术的介入，翻译语言服务业飞速发展，很多之前并未受到重视的服务内容，如符际翻译中的手语翻译、语际翻译中的民族语翻译已成为新的研究视角。

与此同时，翻译活动本身的方式和翻译结果的传播方式也在发生着变化。例如，原有的人际翻译活动，包括人与人之间、人与群体之间的翻译活动已转变为人机之间的互动。翻译结果的传播方式也从以往的笔墨相传和口耳相传发展为视频、音频以及网络流传的形式，学习者甚至还可以借助于互联网得到即时的语言服务。

随着形势的变化，人们对翻译内涵的理解也在变化，融入了以往没有的内容。

我国学者以语言服务发展和翻译职业行业发展为基础，对翻译定义的涵盖范围进行了重新探讨，他们的观点主要包括以下几个方面：

第一，作为一项重要的语言服务，它是一项以多种媒介进行传递的行为，它包含了一切象征意义的信息。

第二，翻译学主要是对翻译活动、翻译作品、翻译事件、翻译人员、翻译技术和翻译管理等方面的知识活动进行分析。

第三，专业的外语服务人员，他们可以胜任各种类型的翻译和相关的科研工作。

第四，翻译教育是指在高校的实际工作中，培养具有口译、笔译、手语翻译、编辑、校对、排版、质量监控、术语管理、翻译管理等专业技能的外语专业人员。

3.信息角度

翻译是传递信息的一种重要手段，因此还可以从信息学角度探讨翻译的内涵。

有学者指出，翻译就是对载体的语言进行转化，把原来的语言信息传递给其他语言。

另一种观点认为，翻译是旨在传递信息的解码与重新编码的活动，从其他角度，如符号学、文艺学等角度对翻译内涵进行阐释不能全面地反映翻译的本质属性，甚至有失公允。这一观点体现了翻译内涵理解的多元化趋势。

德国翻译理论家弗米尔相信，翻译是一种"信息模拟"的活动，通过 Z 语言来模拟 A 语言所传递的信息，从而达到预期的目的。译者并不是用变体的方法将一个单词或一个语句转化为另外一种语言，它是一个人在新的情况下，尽量模拟其原有的形态特征，以达到某种特定的目的。

二、文体与语码转换

人际交往中存在多种不同类型的语言模式，人们总是在探索并尝试能够使语言模式最大限度地切合语境的方式。

人们对自身所使用的语言的理解和认识具有复杂性的特点，这些语言并不是单纯意义上广泛的、形式复杂的语码知识，而是一种对于多样化语言环境的体验。这种体验能够在实际交际和翻译中为人们在特定场合下做出正确的语言近似项选择提供指导。

通常，语码转换还被社会语言学家看成从一种文本转入另外一种文本的能力。但需要明确的是，语码转换能力并不是与生俱来的，而是伴随着年龄的增长、知识和经验的增加慢慢形成并发展起来的。假如一个人所参加的社会活动领域十分有限，相应地，其语码转换能力通常也会受到限制，甚至还会闹出笑话。可以说，在当今信息社会知识大爆炸的形势下，语码转换能力已经成为人们谋生或求职的一种技能。即便是母语使用者，也应持续不断地积累社会经验，不断扩展语言知识面，提升自身的文体识别能力。

三、文体对翻译的指导意义

系统、深入地了解文体知识有利于在翻译实践中更好地关注文体色彩，即所谓的"文随其体、语随其人"。此外，还能够增强处理不同文本类型和语言风格作品的能力。

通常情况下，如果原文使用的是书面语体，那么译文也应使用书面语体。原文如果使用的是口语体，译文也应使用口语体。总体来说，译文语体风格应与原文语体风格相一致。

因此，翻译工作者要想切实做好翻译工作，就要充分关注原文遣词造句的"语域"，不仅要确保译文在意义层面的"合意"，还应注重其在语用层面的"合宜"。鉴于此，翻译工作者不仅要熟悉原文的文体风格特点，还应准确地把握译文的文体风格，只有这样，才能应对多样化的语码转换需要。不仅如此，翻译工作者还应不断地丰富并完善自身的知识结构、语言文化素养，提升文体能力和意识。只有这样，才能在处理不同风格和不同文本类型的文体时做到得心应手。

语域的研究不单适用于口语翻译，还适用于书面语翻译。以文学语言翻译为例，在翻译文学类的文体时，不仅会遇到各种类型的文体并存现象，还会遇到原作者借助各种不同类型文体以实现多种艺术表达效果的情况，这些都对翻译工作者提出了更高层次的要求。在具体的翻译实践中，译者需要关注语言和社会场合间的关系。此外，译者还需要掌握宽泛、多样的文体类型，采用灵活多样的翻译手段。根据具体情况决定合适的翻译策略，确保译文不仅能忠实于原作文体所需，还能紧密贴合原作文体的具体特点，实现真正意义上的"符合文体要求"。

第二节　文体与应用文体

近年来，人们对语言功能和实用性的关注日益提升，应用文体以及应用文体翻译的研究也受到了人们的密切关注。文体与应用文体相关理论的研究成为一个重要话题。

一、文体与应用文体的分类

（一）文体的分类

关于文体的分类，不同学者提出了不同的看法。

1. 陈望道对文体的分类

我国著名翻译家陈望道把文体分为"民族""目的任务""对象或方式""时代""成色""声律""个人""表现"八大类。另外，陈望道从目标使命出发，把文学作品分成实用风格和艺术风格两大类。

2. 王佐良、丁往道对文体的分类

根据王佐良、丁往道这两位学者的观点，文体可以分为文学文体和各体英语两大类型。文学文体通常涉及散文和诗歌两大类型。各体英语可进一步划分为以下八种类型：

①日常谈话。

②即席解说。

③公众演讲。

④科技文章。

⑤新闻报道、广告。

⑥法律文件。

⑦《圣经》。

⑧公文。

3. 刘宓庆对文体的分类

刘宓庆把文体分成以下六大类型：

①新闻界和报纸的风格。

②文章的风格。

③公务用语。

④描写和叙事风格。

⑤科学的风格。

⑥运用风格。

关于应用文体，刘宓庆认为其并不是指一种统一的文体类型。

4. 凯塔琳娜·赖斯对文体的分类

语言学家凯塔琳娜·赖斯是德国功能派翻译理论的代表人物。她以语言的基

本功能为出发点，认为语言具有传达功能、表现功能和诉求功能。传达功能主要在于传达信息，如科技文献、订货单以及新闻信息等。表现功能主要是用来表现人类的情感世界，诗歌文体就是一种典型的体现语言表现功能的文体。诉求功能主要指的是借助语言影响接受者的思想，如广告文体。

基于此，凯塔琳娜·赖斯将文本划分为以下三种类型：

①重内容类的文本。

②重形式类的文本。

③重感染类的文本。

后来，她又将上述三种文本类型称为"信息类文本"、"表达类文本"、"感染类文本"。

5.马丁·朱斯对文体的分类

美国著名语言学家马丁·朱斯基于语言交际关系差异而产生的不同变化将语言分为以下五种不同的风格和语体：

①冷漠体。

②正式体。

③商量体。

④随便体。

⑤亲密体。

这五种不同的语言风格又有不同的词汇和语法特征。斯特雷文斯曾经列举了一个典型的例子来说明上述五种语言风格的差异。具体如下：

冷漠体：Visitors should make their way at once to the upper floor by way of the staircase.（诸位来宾请即刻举步缘梯上楼。）

正式体：Visitors should go up the staircase at once.（来宾们请立即上楼。）

商量体：Would you mind going up stairs right away, please?（请你们马上上楼，好吗？）

随便体：Time you all went up stairs now.（现在你们都该上楼了。）

亲密体：Up you go, chaps!（伙计们，上楼去！）

通过对上述几个例子进行分析不难看出，不同类型的文体有不同的语言形式和语言风格，相应地其交际功能和语言表达效果也存在诸多不同。但是，无论是借助现代语言学的理论还是用传统意义上的分析方法探讨文体问题，其研究对象基本上是相同的。如何按照人际关系、场所以及话语媒介的差异来选择恰当的文体，以产生更好的语言表达效果是一个值得深入探讨的问题。

（二）应用文体的分类

1.方梦之、毛忠明对应用文体的分类

我国学者方梦之、毛忠明等人指出，实用风格是指除了文艺作品和纯粹的理论性文字之外，还涉及生产、社会生活、公众舆论等领域的各种文字。具体分类为科技、经贸、新闻、法律、旅游、广告、政论等。实用风格的文类是一种非常普遍的、非常实用的写作形式。

2.王方路对应用文体的分类

我国学者王方路认为，应用文体包含以下六种要素：

①财经（经贸、外贸）类。

②广告类。

③医学类。

④法律类。

⑤合同类。

⑥旅行类。

二、应用文体的文体特征

应用文体的显著特点是"实用"，除此之外，其在内容、体式以及表达等方面也呈现出鲜明的特色。

（一）内容的真实性

从内容方面来看，应用文体的内容是以事实为依据的，不是杜撰或虚构的。内容的真实性体现在以下两个方面：

首先，具体的语言陈述应具备真实性的特点。也就是说，陈述思路务必清晰，含义必须准确，注重对字、词、句的仔细斟酌和反复推敲，同时还应善于对词义进行辨析，并区别感情色彩。不仅如此，还应按照特定的语言环境，选用恰当的词语，避免使用晦涩难懂的词语，导致前后矛盾或歧义迭出，给理解带来不必要的麻烦。

其次，应用文体所涉及的内容应以相关数据材料、事实等为基础，并且都应以准确、真实为原则进行有效表达，应极力规避信息失真而导致的不必要的法律责任。

（二）体式的规范性

体式规范也是应用文体的一大显著特征。具体而言，体式规范要求该类文体应按照实际目的和用途的差异来选择不同的文体体式，并且与具体要求相适应。体式的规范性表现为以下两点。

其一，格式的规范性。具体来说，格式的规范性是指不同文种有不同的格式规范和要求，不能随意变化或更换。

其二，文种的规范性，即依据不同的目的选用不同类别的文种。

（三）表达的简明性

从语言表达方面来看，应用文体追求简明性，尽可能避免烦冗赘述。换言之，应用文体在表达时力求言简义丰，尽量用较少的文字表达尽可能多的内容。

应用文体的这一典型特征很大程度上迎合了业内人士省时、高效的办事风格，同时还展现出专业人员文字修养水平高、思路清晰、概括能力强等方面的能力和素质。为了实现表达简明的效果，应用文体通常使用术语、套语以及正式用词等方式。

首先，同行文的语体风格相适应。例如，请示类型的文章力求恳切；告知类的文章力求简明；商谈类的文章力求委婉。

其次，明确区分行文对象间的关系。例如，在雅语、敬语的使用方面把握好分寸。

最后，注意恰当、灵活地运用相关专用语。

三、应用文体的文体技术规范

人类社会众多形式的认识和实践活动都存在技术规范层面的问题。受到新技术革命的影响，"技术"的内涵不断扩展和延伸，从自然界的调节、控制、改造等层面逐步深入人类社会的各个层面。例如，基于"智能技术"这一特征，语言、艺术、行政等诸多领域的事物都可以被赋予技术特质并且可以从技术层面加以分析。

应用文体作为一种用于交际的功能文本而存在，其功利性恰恰体现在能够有效解决或指导人们按照其事先约定好的规范解决实际问题上。事实上，这种目的性、功利性在新闻文体、经济类文体以及商务类文体中都得到了很好的印证。从技术层面对应用文体进行分析十分必要，可以从模式、规则、程序三方面入手。

（一）模式

大多应用文体都具有相对比较固定的模式规范，其结构组织和行文安排的自由度相对较小。与文学作品的模式相比，应用文体的自由度就存在明显的不同。文学作品在表达上可穷其思绪达到"思接千载，心游万仞"的境界，而应用文体的模式则相对严格。

在实际的技术运用中，应用文体的计划性和目的性都非常强，在行文操作层面遵循严格的技术规范。

（二）规则

具体来说，规则是指遵照固定顺序并采取一系列的具体行动来实现既定目标的说明。假如没有标准化的规则，在实际的行动执行过程中，操作程序就非常容易被打乱。

规则也是应用文体的一大重要的文体技术规范。通常而言，应用文体的技术规则具有非常明显的强制性特点。假如没有强制性作为应用文体的基础保障，就会极大地降低应用文体模式所起到的宏观层面的调控作用和微观层面的约束作用，同时也会影响应用文体的文体功能和目的。实际上，这些规则本身还具有"相对标准"和"绝对标准"差异。其中，"相对标准"大多是相对于应用文体的格式而言的，是应用文体通常应遵循的程序，这些程序可以发生相应的增减或移动。"绝对标准"通常是针对应用文体的表述而言的。具体来说，应用文体的表述不仅应符合语体规范，同时还应遵循与之相关的标点、数字、图表、符号等的具体使用规则。通常这类规则是按照国家的标准形式规定的，具有强制性特点，需要严格遵守。

（三）程序

在实际进行技术规范的操作时，还需要遵循相应的逻辑顺序。其中一些操作具有"不可逆性"，在实际进行操作时要严格按照程序办事。一旦出现程序上的混乱，极有可能导致结果偏差甚至与预期结果相背离，产生难以想象的后果。

在行文表述过程中，应用文体应严格遵照相应的程序，尤其是在安排正文"主体"部分内容方面，应展现出鲜明的逻辑程序。以"市场预测报告"为例，其主体部分通常应遵照以下程序：

①对市场现状进行详细分析。

②对市场趋势进行有效预测。

③针对具体情况提出合理化建议。

"工作研究"类的应用文体通常也应遵循如下的程序规范：

①介绍实际情况。

②分析具体原因。

③制定切实可行的措施。

此外，还可以按照以下程序进行操作：

①分析具体成因。

②阐明实际危害。

③提出合理化建议和对策。

通常，上述这些程序中各主要部分的先后顺序都是比较固定的，一般情况下不能进行随意调整和删减。这是因为各大部分间的必要条件存在着严密的逻辑关系。前一项程序可看作后一项程序的基础或理论的出发点。如果没有前一程序扎实、完备、系统的分析和阐述，后面的结论以及可行性措施就缺乏依据。

第三节　应用文体翻译的基本原则

应用文体翻译大多是针对除文学外的其他与日常生活密切相关的用于交际的功能性文本的翻译。该类翻译通常涵盖科技、新闻、政论、广告、商标、经贸、法律、财经、营销、医学、文本等多个学科领域的翻译。应用文体翻译的显著特点就是实用性，其对文学性和审美性的要求相对比较弱。为了凸显其实用性，应用文体的翻译还应坚持以下六项基本原则：

一、信息忠实原则

信息忠实原则是应用文体翻译的基本前提，同时也是这一文体翻译应坚持的首要原则。具体来说，将信息忠实原则贯穿于应用文体的翻译要求在实际的翻译实践中力求最大限度地再现原文本的内容、形式和功能。

将信息忠实原则贯穿于应用文体的翻译中，还应确保用词精确、数据使用精确无误、概念表达准确清晰，同时还应确保表达合乎场合，能够将原文的意思和宗旨准确、清晰地表达出来，确保信息传达准确无误。例如，在翻译广告英语这一应用类文体时，应全面、细致地把握广告中有关产品传播的信息。此外，还应确保所传达的信息不能同忠实传播广告信息的目的相背离。当然，也不能刻意夸大产品的功效或肆意地将译者本身的观点强加在广告内容中，应秉持客观、中立的立场和态度来推介产品，以最大限度地实现语言与功能层面的对等。

二、力求规范原则

从表达层面来看，应用文体的翻译还应遵循力求规范的原则。进一步说，表达规范就是要求在翻译应用文体时能做到词句层面的合理对称，进行规范的谋篇布局。从语言表达的细节方面来看，坚持力求规范原则要求在遣词造句方面选用最恰当的对应词，着眼于整体结构并进行合理化调整，同时还应做好语句间、段落间的过渡和衔接，应尽可能地确保译文与原文的语言规范、文化规范等相符合。

坚持力求规范原则关乎译文的通畅、所表达信息的完整、详备。只有在规范的基础上，才能精准地实现应用文体的信息传达功能。此外，还应严格依照行业习惯规范译本翻译，尽可能地避免出现误译情况。例如，在翻译经贸类的应用文体时，对于 engagement clause 这一经贸术语的翻译，不能只关注其表面含义，而应从专业角度出发，遵循行业术语规范，将其翻译成"保付条款"而非"订婚条款"。又如，在翻译机械工程类的应用文体时，经常会遇到 file 这一高频词汇，在机械工程类的应用文体中，其所表示的不再是"档案"之意，而是"锉刀"之意。再如，在专利说明书的权项部分，开头语通常采取"I claim.../What is claimed is.../What I claim is.../Claims..."的表述，这些语句形式虽不同，但作用和意义是相同的，通常可译成"请求权项""专利权要求范围""本专利的权项范围是……"等句式，而不是刻板地按字面译为"我宣告……""所需要的是……""我申请的是……"等。有时，在上述基本句型的基础上，英文还可适当添加承上启下的词语。

总之，在翻译应用文本时，对于一些很难把握其特殊含义的词或短语，要在查阅相关的专业词典或结合专业领域知识进行分析后再进行翻译，力求做到专业、规范。

三、深谙专业领域知识原则

要想做好翻译实践工作，译者不仅需要透彻地理解和把握相关语言的特点，还应通晓两种语言在思维模式、表达习惯以及文化内涵层面的异同。

与普通意义上的英汉语言文本翻译相比较，应用文体翻译更为艰巨、复杂。在翻译应用文体类文本时，除了要精通两种语言文化并掌握一些基本的翻译技巧外，还要熟悉相关领域的专业知识。例如，在翻译机械英语文本时，如果仅掌握一些基本的翻译技巧是远远不够的，通常译者还需要掌握相关的工作原理和操作过程等专业知识。在翻译经贸类文本时，还应了解并掌握一些同贸易流程密切相关的知识。总之，深谙这些相关的知识是翻译应用文体所必须具备一项能力，同时也是应用文体翻译必须坚持的基本原则。

此外，同一词汇应用在不同的领域，其基本含义也存在差异，这就需要译者根据具体翻译实践做出正确的选择。例如，英语单词 base 的本义是"基础"，但在数学领域表示"底边"，在机械领域表示"底座"，在计算机领域表示"数据库"。又如，use base 的本义是"打开数据库"，其在军事领域则表示"基地"。round figure 在会计和审计领域中表示与金额相关的"整数"，而不是本义"圆数"。terminal market 在贸易领域中表示"期货市场"，而不是"终端市场"。qualified acceptance 是指银行承兑制度中的"附条件（指规定的时间、地点和约定的条件成熟）承兑"，而不是表示"有资格接受"。

四、可接受性原则

翻译作为一种交际媒介，具有跨语言性和跨文化性双重特点。翻译过程本身不仅是进行语码转换的过程，还涉及不同社会特征的文化转换。在从源语向目的语的转换过程中，译者应力求达到最为接近的形式和意义对等。此外，还应使所翻译的文章能让目的语读者欣然接受。兼具信息性、功能性的应用文体翻译也是如此，在翻译的操作层面应坚持可接受性原则，尽可能规避表达不当而导致的理解偏差。

在翻译应用文体时，应充分考虑译文的可接受性，即读者的接受程度，这是衡量译文是否成功的终极标准。因此，译者应善于把握译入语语境和读者心理。例如，在翻译 connecting people 这一广告口号时，不能简单地按字面将其翻译成"连接彼此"，而应充分考虑译入语的表达习惯和文化语境，将其译为"科技以人为本"。

五、文体风格得体原则

在翻译应用文体时，还应确保文体风格得体。例如，经贸类文体具有措辞严谨，善于使用外来词、古语词以及缩略词等特点，还普遍存在词项重复等语言现象。因此，在翻译这一类型的应用文体时，就需要结合其文体风格，力求得体、规范。当然，坚持文体风格得体这一原则是建立在信息准确的基础上的。这些文本的翻译不能有丝毫差错，否则即便文体风格得体，如果措辞不够严谨就非常容易产生经济纠纷或者致使企业蒙受不必要的损失。

六、通顺达意原则

通顺达意原则也是应用文体翻译应坚持的一项基本原则。在翻译应用类文体时，要避免译文生涩难辨、语不达意、极度拗口。译者可以采用引申、增词、减词、调整词序以及一些变通手法，以达到译文通顺达意的目的。

第四节　商务类文本翻译实践

随着时代的进步与社会的发展，越来越多的人开始重视应用文体的文本翻译。在翻译人才的培养过程中，应用文体的文本翻译是不可或缺的组成部分。

随着全球经济一体化进程的不断加快，国与国之间的商务往来日益频繁，作为一种特殊的应用文，商务类文本是展开国际沟通的有效手段。

一、商务类文本的语言特点

（一）词汇特点

在长期的商务活动中，商务类文本的词汇逐渐形成了自身的特点，既与普通英语词汇相区别，又体现出商务类文本的风格。

1.使用专业术语

专业术语指的是专用于某一学科、某一领域的词。专业术语有着固定、明确的意义，有助于对概念进行精确的表达。商务类文本通常需要对商务活动中的各环节及相关文件进行准确描述，因此逐渐形成了大量的专业术语。这些专业术语在商务类文本中十分常见。需要指出的是，专业术语不具有感情色彩，往往比较客观，因此不需要根据上下文来推测或者理解。

此外，很多普通英语中的常见词汇在商务类文本中往往具有特殊的专业含义。例如，claim 的本义是"声称"，在商务类文本中表示"索赔"；promotion 的本义是"提升、晋升"，在商务类文本中表示"促销"；balance 的本义是"均衡、平衡"，在商务类文本中表示"余额、结欠"。

2.使用缩略词

缩略词在商务类文本中的使用十分频繁。缩略词是由一些普通英语词汇随着贸易的不断发展而逐渐演化而来的。在商务活动中，无论是在会话中还是在信函中，交际双方习惯使用专业缩略词，从而用有限的形式传递更多的信息，既节约了时间，又使语言更专业、更简洁。商务类文本中的缩略词主要有以下几种形式：

①首字母构成的缩略词，指的是由多个单词的首字母构成的缩略词。

②谐音缩略词，指的是利用同音或近音构成的缩略词。

③辅音缩略词。这是一种只保留辅音字母的缩略方法，可采用大写字母，也可采用小写字母，还可以是大写字母带出小写字母；在读音上既可以拼读，也可以按照字母来发音。

④音节缩略词，指的是利用第一个音节与第二个音节构成的缩略词。

⑤由两个或两个以上的词的前部或多个主要字母缩略而成的缩略词。

⑥由词的前部或词的头尾组合而成的缩略词。

3. 使用古词语

古词语具有措辞庄重、语体正式的特点，既可体现严肃性与约束力，又可以有效避免语言重复。由于英语商务函电、经贸合同以及各类协议通常需选用正式、规范与严谨的词语，因此古词语在商务类文本中的使用比较普遍。

4. 使用单一词汇

为了增加行文的准确性与严谨性，商务类文本中常使用词义较为单一的词，而不采用词义丰富灵活的词。

5. 使用成对同义词或近义词

在商务类文本中，商务合同、单证、协议等文件常使用成对同义词或近义词，从而避免歧义的产生。

另外，在商务类文本中，有些重复的表达具有重要的补充作用，有利于增添语言的音韵美，加强句子的平衡性，同时体现商务类文本的庄重与严谨。

6. 使用复杂的介词短语

由于商务类文本包含很多正式的文体，尤其是一些具有约束力的文体，其正式程度往往较高，因此商务类文本很少使用口语化的介词，而是倾向于使用比较复杂的介词短语。

（二）句法特点

除词汇外，商务类文本的语言风格还体现在句式层面。句式与语态的选择、语法形式的运用等都会影响语篇、文体的特点。

1. 使用套语

套语指的是较为常用的句型。套语的使用可以使语言严谨、紧凑，表达更为规范，是商务类文本在句法层面的一个鲜明特征。

2. 使用定语从句

定语从句的使用也是商务类文本的句法特点之一。在商务类文本中，使用定语从句有利于将相关概念阐述得更完整、更准确。

3. 使用状语从句

为了更精确地描述商务事宜的进展情况，即在何时、何地、以何种方式进行，商务类文本还多用状语从句。

4. 使用被动句

被动句具有客观、正式的特点，因此在商务类文本中也有一定的应用。被动句的使用可以使语言结构严谨、语义明确、逻辑清晰，使论述更为客观、公正，并体现礼貌原则。

5. 使用含有 shall 的句子

为了使语气更为强烈，商务类文本经常使用包含 shall 这一情态动词的句子。尤其是在商务合同中，shall 一词往往代表将要发生的情况或者某项义务与权利，具有强制的含义。

6. 使用非真实条件句

非真实条件句运用虚拟连词来引导句子，常代表一种义务和责任，在商务类文本中也较为常见。

7. 使用复杂句

商务类文本追求句子的简洁，但这并不意味着不可以使用复杂的句子结构。商务类文本有时使用复杂的长句，其目的是在对某项权利和义务进行说明时，能够将意思阐释清晰。

二、商务类文本的翻译

（一）遵循翻译原则

商务类文本的翻译应遵守下面四条原则：

1. 专业性原则

商务类文本频繁使用大量商务专业词汇或术语，这便要求译者熟练掌握商务方面的相关知识、背景信息以及文化。在处理原文的术语时，原文的专业词汇应译为相应的译入语专业词汇，原文的专业表达方式应译为译入语的专业表达方式。

2. 准确性原则

准确性原则是商务类文本翻译的核心原则。在翻译时，首先应正确理解原文，然后用明确的概念进行表达，将原文意思完整、准确地传递出来。

3. 简洁性原则

商务类文本力求使用简洁、明确的表达，所以在翻译时应遵循简洁性原则，在忠实于原文信息的前提下，尽可能使用简洁的语言。需要特别说明的是，简洁并非意味着对原文信息进行任意删减。

4. 循例原则

在商务类文本中，一些专有名词的译法经过时间和实践验证后被人们广泛接受，因此在翻译时无须改译。另外，在翻译商务领域通用的术语尤其是机构名称时，建议译者充分查阅相关文献和词典，选择通用的译法，切忌自作主张地创译。

（二）掌握翻译技巧

1. 商务类文本中的词汇翻译技巧

（1）词义选择技巧

英语中的一词多义情况较为普遍，在商务类英语文本中也不例外。在对商务类文本中的词汇进行翻译时，译者应注意词义选择，以此来进行恰当的翻译。例如，译者可以结合具体情况来选择词义。

（2）词义引申技巧

在商务类文本的翻译过程中，如果不能在源语中找到完全对应的词语，则可以对词义加以引申，即根据具体情况进行抽象化引申或具体化引申。

其一，抽象化引申，即将原文中表达具体意义的词语翻译为译入语中抽象的词语。

其二，具体化引申，即将原文中表示抽象概念或属性的词语翻译为译入语中一般的、具体的概念。

（3）词类转换技巧

英汉商务类文本的语言存在很大差异，在翻译时可根据需要转换原文的词类，使译文与译入语表达习惯相符。

2.商务类文本中的句子翻译技巧

（1）被动句的翻译技巧

商务类文本的被动句翻译主要有下面三种情况。

第一，从英语的被动句到汉语的被动句的翻译。

第二，从英语的被动句到汉语的主动句的翻译。

第三，从英语的被动句到汉语的无主句的翻译。

（2）定语从句的翻译技巧

翻译商务类文本中较短的定语从句时可采用前置法，将其译为汉语中带"的"的定语词组。当商务类文本中的定语从句较长且较为复杂时，或不适合使用前置法时，可以使用后置法，将其翻译为汉语的并列句。

（3）状语从句的翻译技巧

状语从句主要包括表示条件、原因、让步、结果、方式、比较等含义的状语从句。在对商务类文本中的状语从句进行翻译时，一般可以将条件、原因、让步等状语从句放在主语前面，将结果、方式、比较等状语从句放在主语后面。在某些情况下，译者还应结合具体情况进行灵活调整。

第五节　新闻类文本翻译实践

普通大众通过新闻及时了解世界。由于国际交往日益密切，新闻英语逐渐流行起来，了解和熟悉新闻类英语文本的表达也非常必要。一般而言，一则新闻通常包括以下三个部分：

①标题。标题是对新闻主题的精练和总结。新闻的题目可能为全句、省略句或名词片段。

在时态的使用上，它既可以使用现在时态，也可以使用过去时态或将来时态。它可以诙谐幽默，也可以庄严肃穆；它可以一针见血，也可以制造悬念。它是引导人们阅读或收听、收看消息的"向导"，是吸引受众注意的点睛之笔，也是新闻必不可少的组成部分。

英文标题字体的大小取决于栏数和行数的多少。如果标题仅占一栏一行，叫作"单栏单行标题"；如果占两栏两行就是"双栏双行标题"；依次类推，如果标题横跨整个版面，被称为"通栏标题"。

②导语。导语是一篇新闻报道的开头部分，它基本上概括了全篇新闻的内容，是新闻的精髓，甚至可以直接作为一则浓缩的微型新闻。导语概括出来的要点与勾勒出来的大体轮廓都为正文的写作确定了基调。新闻导语是体现新闻价值的重要部分，更是一篇报道是否能吸引读者、获得成功的关键。

按照新闻报道的要求，导语应尽可能涵盖五个"W"和一个"H"，即导语的六大基本要素 who（何人）、what（何事）、when（何时）、where（何地）、why（为何）和 how（如何）。导语必须做到既言简意赅，又能提供信息，这才能称得上是一则好的导语。

③正文。新闻正文通过具体的细节和事实来叙述事件的过程，是整篇新闻报道的主干，位于新闻导语之后。新闻正文主要由所要报道的事实组成，因此必须紧扣导语，不能偏离导语。在新闻正文的叙述顺序上，应该按照所述事实的重要程度依次补充细节内容，即应该把最重要、最精彩的部分放在开头，而将次重要和不重要的部分放在后面，也可以按照事实发生的时间顺序进行报道。

一、新闻类文本的语言特点

（一）词汇特点

1. 用词新颖

现实社会科学发展日新月异，知识更新越来越快，新闻的遣词造句也相应地发生着变化，常常使用新颖的词语便是一种反映。用词新颖主要包括以下四种情况：

（1）新近时髦词

新近时髦词是指在新闻或者日常口语中风靡一时的词语。这类词语大部分都是专业术语，在新闻中被当作一般词汇来使用，从而具有了独特的含义，并增强了语言的表现力。

（2）旧词转新义

例如，dove（鸽）——主和派，温和派；hawk（鹰）——主战派，强硬派。

（3）衍生出一个新的词组

衍生式新词是由词根和前后词尾组合而形成的。在现代英语中，由派生法所构成的新词占总数的 30% ~34%。

（4）新事生新词

新事生新词是指因为社会政治、经济、文化等领域发生的变化而出现的新词。

2. 使用简短词

（1）省略

新闻类文本中的省略涉及以下两类：

①省略冠词。

②省略系动词和助动词，有时甚至省略行为动词。

（2）缩写

例如：WTO=The World Trade Organization。

（3）使用短词

使用简短的词语可以化繁为简，节省篇幅。例如，用 hit、harm、hurt、ruin 等表示"破坏"或"损坏"，而不用 damage；用 drop、give up、quit、skip 等表示"放弃"，而不用 abandon；用 blast、crash、ram 等表示"爆炸"，而不用 explode。

（二）句式特点

1. 句式灵活

新闻类文本常常使用灵活的句式来增添语言的生动性。

①使用嵌入成分。新闻类文本中常用破折号引出插入语，从而对新闻事件加以补充说明或提供相关的背景材料。嵌入成分在语义上相对独立，能够对信息进行压缩，替代一个从句。

②使用倒装句。

③使用前置定语。

2. 时态灵活

新闻类文本常对以下三种时态进行运用：

（1）用一般现在时表示过去发生的事

基于新闻的特点，新闻英语的标题不能完全照搬英语语法，这样容易让人产生一种陈旧感，无法很好地起到吸引读者眼球的功效。虽然新闻所报道的消息是已发生过的事，但为了增强新鲜感和现实感，新闻类文本常用一般现在时表示过去发生的事。

（2）用动词不定式来表达将来时

在英语新闻的标题中，省略"be+动词不定式"结构中的 be，可以简化标题。

（3）用现在分词表示正在进行的事件

在英语新闻的标题中常常采用现在进行时"be+现在分词"这一形式，并且通常省略 be。

3. 语态灵活

人们只有看到一条特别感兴趣的标题时，才会聚精会神地继续阅读新闻正文。相对于主动语态，被动语态更加生动且富有感染力、说服力，使读者感到真实可信，读起来朗朗上口。因此，英语新闻的标题常采用被动语态来突出动作的承受者，以便抓住读者的注意力。具体来说，通常应省略被动语态结构"be+过去分词"中的 be，也不需要用 by 引出动作的实施者。

（三）修辞特点

1. 使用比喻

新闻类文本中的比喻修辞有利于增进读者的理解，同时提高语言表达效果。具体来说，新闻类文本中的比喻包括明喻与暗喻两个类别。

2. 使用拟人

拟人修辞的使用能够使新闻生动活泼，从而激发读者的兴趣。

3. 使用仿拟

在新闻类文本中使用仿拟有助于增加新闻的趣味性与哲理性，同时能提高读者的阅读兴趣，加深其对新闻的理解。

4. 使用借代

借代是新闻类文本中使用频率最高的修辞格之一。

5. 使用双关

双关在新闻类文本中的使用十分常见，其作用就是在还原新闻事件的同时赋予文章幽默感或引起读者深思。

6. 使用典故

新闻类文本中还常使用一些人们熟知的典故，典故的引用可帮助读者理解新闻意图，引导读者积极思考和联想。

二、新闻类文本的翻译

（一）遵循翻译原则

1.客观原则

"客观性"是新闻的一条基本规律，也是新闻的灵魂所在。但是，中外新闻界对新闻客观性的看法并未达成共识，这是因为新闻受到来源国的文化、价值观、意识形态等因素的影响，新闻媒体都会抑制对其构成危害的因素，所以，做到客观地报道新闻事件绝非易事，不公正的、歪曲的报道时有发生。因此，翻译时必须谨慎处理，不能死板地将原文文本直接转换成目的语文本。对公正、客观的报道应当忠实地翻译，但对蓄意歪曲的报道一般不宜全译，必要时可用评述性语言给予提示，否则歪曲事实一方会误以为目的语国家对歪曲的内容默默接受，从而对目的语受众带来误导。

2.可接受原则

让读者能够清楚明白地理解新闻所提供的信息是新闻翻译最基本的要求。因此，译者要考虑怎样才能使译文为读者所接受。由于新闻要简洁明了地向读者传递信息，所以译者可进行必要的词句加工、内容添加与解释说明，做到翻译与解释并举。

3.准确原则

新闻具有客观性，所以在翻译时还应确保译文的准确性。新闻语言如果不准确，一方面会给读者带来误导，另一方面还会发生常识性错误甚至政治思想性错误。因为语义是由语境决定的，所以要联系上下文来翻译。需要特别说明的是，时政类新闻的翻译对译文准确性的要求更高，这是因为政治文章涉及国家的大政方针、基本政策等一些敏感性话题，稍不留意就可能产生严重后果。这就要求在翻译之前应清晰地理解原文，因为理解是表达的前提，只有透彻理解才能准确表达。此外，在翻译政治词语的过程中，译者不得任意增删。

（二）掌握翻译技巧

1.新闻标题的翻译技巧

（1）直译和意译的灵活运用

如果新闻标题的意思清晰易懂，译者可灵活地选择直译或意译。

（2）注释的添加

中西方的文化差异带来了思维方式的差异，因此英汉新闻标题的表达方式也常常存在诸多差异。新闻标题的撰写主要针对国内读者，这就要求译者酌情补充一些读者不熟悉的信息，或者对文化背景知识进行必要的阐释。

（3）仿译

中西方都有一些脍炙人口的诗词熟句或名言名句，这些语句不仅审美性较强，还充分展现了语言的魅力。仿照这些句子翻译新闻英语标题，能有效打动读者。

2. 新闻导语的翻译技巧

根据导语的风格，可以将其分为硬性导语和软性导语。

（1）硬性新闻导语的翻译技巧

硬性新闻导语通常比较简洁，直截了当。在翻译时，适合采用直译法，在不影响内容的前提下可以根据情况调整语序，以符合汉语的表达习惯。

（2）软性新闻导语的翻译技巧

软性新闻导语具有一定的文学性，生动活泼、情趣横溢，很容易吸引受众，因此翻译时适合采用带有文学色彩的手法进行处理，以便最大限度地保留原文的文学风格。

3. 新闻正文的翻译技巧

在翻译新闻类文本的正文时需要运用以下一些技巧：

（1）适当调整语序

在翻译新闻类文本时，为了符合译入语的表达习惯，可以适当调整某些成分的位置，如定语、状语和同位语等。

（2）慎用"被"字

由于英汉语言的差异，"被"字的使用也存在一些差别。新闻类文本常使用被动语态，而汉语很少使用被动语态，即使出现被动语态也尽量避免使用"被"字。因此，在翻译的时候要注意语态的转换。

第六节　法律类文本翻译实践

目前，英美法学界普遍接受的法律类文本的定义为"普通法国家的律师、法官、法律工作者所使用的习惯用语和专业语言，包括某些词汇、短语或特定的表达方式"。从文体学的角度来看，法律类文本主要包括以下两类：

①规范性法律语言类，即为各级法院所接受和 / 或某特定司法管辖区的法规所体现的基本原则，多为明确的、强制性的法律文件。

②法律著述又称"法学家语言"，主要包括法律评论文章、专著、法官意见、法学论文等。

一、法律类文本的语言特点

（一）词汇特点

法律类文本中的词汇通常具有如下特点：

1. 使用法律专业术语

法律专业术语一般只限于法律类文本中，其词义往往是单一的，因此又可以称为"单义术语"。法律专业术语的形式与内容是完全对应的，表达准确，不附带任何感情色彩，具有明确、精密的语言特点。

2. 使用具有法律意义的普通词汇

在法律类文本中，很多专业词汇是由普通词汇转化而来的，且具有了法律层面的意义。这是因为在语言的发展过程中，词汇的含义也会随之发生改变。换句话说，有些词汇在普通英语中有其自身的含义，在法律类文本中有其特定的法律意义。

3. 使用古英语词与中古英语词

随着语言的发展，很多古英语词汇与中古英语词汇逐渐具有了某些特定含义。虽然法律类文本的语言更倾向于简明化，但又有着严肃性与规范性的要求，因此在措辞上仍旧需要保留刻板、正式的语气。此外，由于历史因素的影响，人们认为没有必要将这些古英语词与中古英语词进行舍弃而创造新词，因此，法律类文本中仍旧频繁使用这些词语。

4. 使用外来词

法律类文本中还存在很多外来词。其中，拉丁语词与法语词占据了很大的比例。

（二）句法特点

1. 使用被动语态

由于法律类文本具有客观性，因此被动语态在法律类文本中非常常见。也就是说，法律类文本中常见被动句。被动句将动作的承受者予以突出，因此常用来规定人的行为、权利、义务及相关法律后果。

2. 使用现在时态

法律类文本常使用一般现在时，其主要目的是将道理阐述清楚、确定立法规范、规定人们的权利与义务等。需要指出的是，现在时态在规范性法律文件中是普遍适用的。在非规范性法律文件中，还可以使用将来时与过去时。

3. 使用长句或复杂句

为了使语言更加严谨、准确，正式的法律文本往往对中心词有很多限定，并使句子结构更为复杂。因此，大量使用长句、复杂句是法律类文本的显著特色。

二、法律类文本的翻译

（一）遵循翻译原则

法律类文本具有严谨性、庄重性等特点，因此翻译时需要遵循一定的原则：

1. 规范化原则

法律类文本的翻译需要遵循规范化原则，即使用官方认可的语言。规范化原则体现在用词规范和句式规范等两个方面。在翻译过程中，译者应该选用规范化的法律专业术语与句式。

2. 一致性原则

法律类文本翻译应坚持使用同一个术语来表示同一个概念。由于法律类文本需要保证同一概念、内涵或事物在法律上的同一性，避免产生歧义，所以词语一经选定就应前后一致。

3. 简洁性原则

将法律概念用清晰简洁的词语表达出来是法律类文本最基本的要求。相应地，法律类文本的翻译也要遵循简洁性原则。简洁性原则主要体现在两个方面：用词简洁与句式简洁。

（1）用词简洁

法律类文本常使用一些成对词和近义词，对于这类词的翻译应依据具体情况而定。如果该词在文本中十分重要，应逐一译出；如果该词在文本中可有可无，就无须全部译出，只译出其中一个即可。但是，无论法律类文本出现上述哪种情况，在翻译时都应力求清晰简洁。

（2）句式简洁

法律文本的冗长性常使人们在阅读法律文本时比较吃力，或者感觉法律语言晦涩难懂。为了避免出现这一现象，翻译时应确保句式简洁，便于读者阅读和理解。

4. 准确性原则

法律类文本翻译应遵循准确性原则，这也是最根本的原则。这是因为法律类文本翻译中一个很小的错误都有可能带来经济或政治方面的损失。

（二）掌握翻译技巧

1. 词类转换技巧

英汉两种语言存在很多差异，翻译时应根据目的语的习惯来进行词类转换，从而使译文通顺流畅。

2. 省译技巧

翻译时，将原文中的有些内容省掉不译的技巧就是省译技巧。省译技巧需要遵循"减词不减义"的原则。

3. 拆译技巧

法律类文本多用长句，翻译时应注意厘清句中各成分之间的关系。因此，在翻译长句时可采用拆分技巧，即切断原文句子，化长为短，或者将原文拆散，重新组织。

4. 调整语序技巧

由于英汉思维和逻辑方式存在很大差异，译者应根据目的语的表达方式对原文的顺序（如逻辑关系、时间先后等）加以调整，使译文符合目的语的语言习惯。

第七节　广告类文本翻译实践

广告是向公众广泛宣传某事某物的一种活动。广告是最经济、最迅速、最行之有效的促销手段。经济的迅速发展使得广告渗透到社会的各个领域。随着我国改革开放的深入与国际广告事业的蓬勃发展，外国广告源源不断地涌入中国，因此广告类文本翻译人才的培养有着重要意义。广告类文本的翻译要求译者在了解广告类文本语言的基础上，遵循一定的翻译原则，掌握一定的翻译技巧，这样才能使译文获得与原文基本相同的信息，取得同等的宣传效果。

一、广告类文本的语言特点

广告类文本在语言上富有鲜明的特色。关于广告类文本的语言特点，著名学者曹明伦曾指出："一方面是语法简单，句子短小，单词、短语、从句独立成句；另一方面是构思精巧，匠心独运，佳句、妙语、新词层出不穷。"下面就对广告类文本的词汇与句法特点展开分析。

（一）词汇特点

广告类文本中的词汇多种多样，意义微妙深刻。在选用广告词时，应始终明确为推销商品而服务的目的，因此广告词通常都具有很强的感染力，富有鼓动性。

1. 频用简短动词

广告类文本的语言简洁生动，内容一目了然，因此广告类文本中经常使用一些单音节或简短动词。

2. 多用缩略词

广告费往往非常昂贵，为了节约篇幅，降低成本，广告类文本中常大量使用缩略词。

3. 大量使用人称代词

广告类文本中人称代词的使用十分常见，这是因为使用人称代词可帮助营造一种亲密的气氛，拉近与读者之间的社会与心理距离，从而赢得读者的好感。广告类文本中经常使用的人称代词包括 I、you、your、our、we、ours、us 等。

4. 多用组合语

在广告语篇中，合成词语的运用是十分常见的。因为组合词语的组成元素可以是任意一种，使用较为灵活，因此广告类文本中经常使用复合词来描述产品的特性及技术含义。

5. 借用外来词

广告人在撰写广告类文本时经常会借用一些外来词，从而体现某一产品所拥有的异国风味或较高质量，进而引起消费者的注意。

6.常用形容词及其比较级、最高级

形容词及其比较级、最高级形式具有修饰、描述功能，可以使语言形象生动，感染力极强。广告的目的在于通过对产品性质与特征的描述达到宣传产品的目的，因此广告类文本中经常使用带有褒义色彩的形容词及其比较级、最高级来美化商品，从而给消费者留下美好的印象，增加广告的销售价值。

7.创造新词

为了吸引消费者的注意，广告商通常会绞尽脑汁，在广告语言上求新求变。广告类文本中经常会利用一些拼写变异或生造的单词与词组，或将两个单词直接新造合成词，这些富于创造性的广告词往往给人耳目一新的感觉，同时满足消费者追求新潮、标榜个性的心理，促使消费者在心理上形成对产品的认同，进而采取购买行动。

8.使用俗语、雅语

由于广告中推销的产品种类繁多，面向的人群也各不相同，因而其广告语言也不尽相同，有时适合使用俗语，有时适合使用雅语。俗语主要是口语、俚语以及非正式语言；雅语指的是优雅而正式的书面语。广告类文本中使用俗语可以突出广告的大众化特点，拉近与消费者的距离，易被消费者接受。

有些时候，在广告中，会更多地用更正规的文字来形容某些奢侈品，以达到更高的水平。中高级产品的顾客大都比较富有，文化程度也比较高，所以，在广告中运用高雅的语言，不仅能体现出所推销产品的高贵品质，而且也能迎合这些注重社会地位的顾客的心理。

（二）句法特点

广告类文本在句法上的突出特点是简洁、经济；在句式上，广告类文本中通常会交替使用多种句式；在语用功能上，广告类文本的语言具有感染力，充满感情色彩，能够促使消费者采取购买行动。

1.大量使用祈使句

祈使句本身具有劝说鼓动的意思，这与广告的引导功能相符，因此广告文体中常大量使用鼓动性的祈使句。广告中恰当使用祈使句会使人感觉亲切、自信，并且使广告富有一种强烈的鼓动色彩，从而促使消费者采取购买行动。

2.大量使用简单句

在当今信息化爆炸的时代，广告往往需要在最短的时间、用最少的版面、最

精练的语言传递出最多的信息。因此，广告类文本中大量使用简单句，能够将广告容纳的信息快捷地传递给消费者。

3. 频用疑问句

疑问句能激发人们的好奇心，让人们主动思考、寻找答案。

由于疑问句具备这一特点，广告类文本经常使用疑问句，从而引发消费者的思考与联想，激发他们的购买欲望。

4. 常用省略句

由于篇幅限制，广告一般需要在有限的时间、空间内，使用最少的费用获得最好的宣传效果。因此，广告类文本常用省略句，既节省了广告篇幅，又传递了最多的信息。

5. 多用平行结构

平行结构是将两个或多个意义并列的成分使用同等或相似的语法形式表达出来。平行结构具有词句整齐、富有韵律感、便于记忆的特点。广告类文本中的平行结构也比较常见，通过使用类似的句型，既能充分描述商品的特点，也容易给消费者留下深刻的印象。

二、广告类文本的翻译

上面分析了广告类文本的语言特点，除了要掌握这些语言特点，高质量地完成广告类文本的翻译工作外，还需要遵循一定的翻译原则，掌握一定的翻译技巧。这恰好是对广告类文本翻译的要求。

（一）遵循翻译原则

广告类文本篇幅短小，却包含很大的信息量，既有艺术性，又有商品的特性。在翻译广告类文本时，译者应避免文化障碍，使译文既体现原广告的韵味，同时又要符合消费者的心理，还要使广告译文形象生动，读起来朗朗上口。对广告类文本进行翻译时，译者应遵循以下几个方面的原则：

1. 充分了解所译广告的内涵与商品的特点

在翻译广告类文本时，译者首先需要把握好所译广告的内涵，具体应考虑以下几点：

第一，广告的目标市场（广告受众），这是对广告对象的定位和特点的掌握，包括受众的性别、年龄、学历、职业等方面的信息。

第二，广告宣传的目的和吸引力，以决定广告的准确内容。广告的卖点是该商品与其他同类产品相比所具有的优胜之处。广告的诉求是引发消费者联想，从而促使他们做出相应的判断、评价，进而采取购买行动。

第三，广告选择什么媒体来传递信息。

第四，广告有无相关行销、促销活动。

第五，广告事前、事中、事后的种种评估。

第六，广告投入的经费。

在理解广告含义的同时，还要理解商品的品质、性能、作用、价格、信誉、工艺水平、文化氛围等。这样译者才能准确抓住广告的重点，了解广告的卖点，考虑目标消费群体的需要，进行有效的广告类文本翻译。

2. 尊重广告受众国的文化传统与消费心理

翻译是一项跨语言的活动，更是一项跨文化的活动。在翻译广告类文本时，译者在了解源语广告语、目的语广告语特点的基础上，还应考虑广告的跨文化因素。每个国家、民族都有自己的文化传统，英汉双语所涉及的民族自然也不例外。文化不同，人们观察事物、对待事物的角度与观点也有所不同，一个具有创造性和审美意义的文化内涵的商品，由于其文化价值观的差异，在其他国家也会失去其原来的创造性和审美意义。这就要求译者在翻译广告类文本时尊重目的语文化的价值观念，了解目的语文化的社会历史背景与社会习俗，充分考虑广告受众国人们的消费心理。

3. 广告翻译应注重创新

广告是一门艺术，因此广告类文本的语言极富想象力与创造性。由于语言、社会文化、民族心理等因素的差异，译者并非一一对应的符号变换，而要依据源语的广告所传达的信息，经过全面的了解和准确的判别，在保留其基本意义和基本功能的前提下，将源语表面的内容进行删减、增补或改写。唯有具有创造性的文字，能让人耳目一新，抓住读者的消费信息，激发观众的消费欲望，并具有持续的效果。

（二）掌握翻译技巧

广告类文本的翻译是有一定技巧的，下面就结合一些具体的例子来分析如何使广告类文本翻译更加符合受众的心理，达到良好宣传的目的。

1. 善用修辞

修辞在广告类文本翻译中有重要作用，善用修辞不仅可以使源语与译入语保持形式与内容上的对等，增强语言的艺术性和感染力，还可以使译入语拥有更深远的意境，表达出更加丰富的内涵。

2. 舍"形"求"义"

有时翻译广告类文本时，很难完整地将原广告的主旨传递到译文广告中去。有时译文广告仅仅传达出广告原文的一部分含义，很难达到相同或相似的宣传目的。为了引起译入语受众的情感共鸣，译文要舍"形"求"义"或舍"形"求"美"，摆脱广告原文语言形式的束缚，以优美的语言传递出原广告的情感，以"美"动"情"。

第八节　旅游类文本翻译实践

旅游类文本是介绍和宣传旅游景点、介绍浏览行程、提供旅游指南及其他旅游服务的一种应用文。随着社会的发展以及人们生活水平的提高，旅游已经成为人们日常生活的一部分，而旅游类文本的翻译对于宣传旅游景点、使读者了解旅游信息十分重要。本节首先分析旅游类文本的语言特点，进而探讨旅游类文本的翻译。

一、旅游类文本的语言特点

旅游语言在旅游活动中的作用毋庸置疑，是促进旅游业快速发展的巨大推动力，同时也是旅游从业人员和游客进行交际的桥梁。在使用过程中，旅游类文本的语言特点也更加鲜明。下面分别从词汇、句式、修辞三个角度对旅游类文本的语言特点进行总结。

（一）词汇特点

旅游类文本出现的目的大多是推销旅游产品，从而产生促销和劝说的作用，使旅游者进行消费。具体来说，旅游类文本的词汇特点主要表现在以下两个方面：

1. 多用关键词语

旅游类文本的表达与旅游经济的发展有着重要联系，因此在选词造句上也异常谨慎。为了清晰地表达旅游内容，旅游类文本中经常使用关键词语，从而达到清晰明了、简短扼要的目的。

2. 多用缩略词语

旅游类文本中大量使用缩略语，目的是通过简短有效的语言吸引游客的注意，同时节省篇幅，避免读者出现阅读疲劳。缩略词的使用言简意赅，同时根据具体旅游宣传需要还可以随时创造新的缩略词，从而给人眼前一亮的感觉。

（二）句法特点

由于旅游宣传的特殊性，对旅游类文本的句法表达也有一定的要求，具体表现出以下两个特点：

1. 常用复杂句

根据具体的旅游宣传受众，旅游类文本中也会使用复杂句。这些复杂句有利于对旅游地进行描述，起到加深游客印象的作用。

2. 使用疑问句

在旅游类文本中使用疑问句能够引发读者的思考，同时这种形式比较像日常交际，因此能够使读者产生亲切感，从而拉近作者与读者之间的距离。

（三）修辞特点

旅游类文本除了在词汇、句法上有自身的特色，为了能够更好地吸引顾客，也使用了很多的修辞，给读者以阅读的乐趣。具体而言，主要体现在如下六点：

1. 头韵

旅游类文本中经常使用头韵修辞。头韵的使用能够达到抑扬顿挫、格调优美、易于记忆的效果，带给读者一种身临其境之感。

2. 比喻

用一个具体的、浅显的、熟悉的事物来进行描写，可以帮助游客产生联想，以便他们更容易理解和欣赏景区文化。

3. 拟人

拟人的使用可以刺激读者或听者的感官，拉近与他们的心理距离，以活泼生动的方式带给他们美的感受，同时也激发他们对美丽景色的联想。

4. 引用

引用是指从文学作品或名言警句中借用一些相关的表达，以营造理想的语言氛围。

5. 对仗

对仗是指把结构相同、意义相关的两个句子或词组对称地排列在一起，并形成鲜明的对照。

6. 反复

反复是指有意识地连续或间隔地重复使用同一个词语、短语或句子，以达到增强语气、抒发情感、增强语言节奏感的目的。

二、旅游类文本的翻译

旅游类文本的翻译对于传播旅游文化、促进旅游产业发展非常有利。在翻译旅游类文本时，不仅要遵循一定的翻译原则，还要掌握一定的翻译技巧。

（一）遵循翻译原则

在翻译旅游类文本时，要保证语言的简洁质朴、内容的客观真实以及逻辑的清晰明了。

1. 语言要简洁质朴

旅游类文本的翻译应确保准确、简洁，以便读者阅读和理解。此外，为提升旅游类文本的准确性和专业性，还应使用一些专有名词或科学术语。

2. 内容要客观真实

由于旅游类文本大多介绍的是景点的基本情况，所以在翻译旅游类文本时既不需要抒情，也不需要议论，更不用夸张。

3. 逻辑要清晰明了

旅游类文本的作用不仅仅是向游客介绍旅游景点的基本情况，而且指示游客完成旅游。因此，旅游类文本的翻译要具有逻辑性，即逻辑严密，具有层次，能使读者一目了然。

（二）掌握翻译技巧

要想保证旅游类文本翻译准确、恰当，就需要掌握一定的翻译技巧。一般来说，可采用以下五种方法：

1. 词类转换法

词类转换法是指转换英汉语言中对应词语属性的翻译方法。在旅游类文本中，英语标示语常使用词类转换法进行翻译，因为英语标示语更倾向于使用名词，而汉语标示语更多地使用动词。可见，为使译文通顺自然，译者可根据汉语表达习惯，把英语文本中的名词或副词转译成动词。

（1）名词转译成动词

英语旅游类文本中的标示语中常使用一些具有动作意义的名词。此外，由动词派生的动名词或名词、暗含动作意味的名词以及跟在 No 之后的名词等也常常出现在英语标示语中。在对这些名词进行翻译时，常将其转换成汉语中的动词。

（2）副词转译成动词

英语旅游类文本中的标示语中还常出现一些具有动词含义的副词，翻译时可将其转换成汉语动词。

2. 直译法

如果旅游类文本中的内容不涉及太多的文化背景，且大多属于实质性信息，则可采取直译法，以利于读者获得全面、真实的信息。

3. 增译法

英汉两种语言的表达习惯有很多不同，翻译时有时需要采用增译法，在原文的基础上添加一些词、短语或句子，使译文表达通顺、流畅。当然这在旅游类文本中也不例外。

4. 省译法

有时，旅游类文本会使用一些不具有实际意义的词语，对此可以采用省译法翻译，使译文符合译入语的表达习惯。

5. 拆译法

英汉两种语言在结构上有很多不同之处，在将英语翻译为汉语时，经常会采用拆译法，即将英语中的整句话拆分为若干个短句，从而使译文符合汉语的表达习惯。

第四章 文化与翻译

第一节 文化与翻译概述

文化与翻译紧密相连，进行文化类翻译人才的培养研究首先需要了解文化与翻译的联系。本节主要基于文化与翻译的关系以及翻译的文化建构两个方面展开论述。

一、文化与翻译的关系

翻译是一项既包括语言和文本的相互转化的复杂的过程，还涉及语言背后的文化因素的活动。从某种程度上来说，翻译活动也是一种文化交流活动，能够推动不同文化之间的交流。但是，译入语文化中的不同要素也会对翻译活动有着反向的制约作用。了解文化与翻译之间的关系，明确二者在翻译实践与文化交流中发挥的作用，对促进翻译人才的培养大有裨益。

（一）文化与翻译的正向关系

文化与翻译的正向关系主要表现为二者相互促进的关系，下面分别展开论述。

1. 文化对翻译的促进作用

翻译是一个复杂的过程，它既是一种简单的转译，也是一种不同的文化交流。

美国著名语言学家霍尔曾说："翻译不仅是两种语言系统的交流，更是两种不同的文化，甚至是不同的文明之间的交流。翻译的进程除了受到言语的影响外，还受到了社会、心理等方面的影响。"

从译者的翻译历程中，我们可以看到，在译者中，有一种由不同的语言产生的影响。一般来说，翻译过程可以分为理解阶段、表达阶段和修改阶段。其中，理解阶段是后续翻译实践的前提，需要译者从交际语境、文化背景、译入语语言知识等方面对原文展开解读。表达阶段是指使用译文进行表述，需要译者在理解的基础上使用符合译入语表达习惯的方式对原文进行等量阐释。修改阶段是对表达阶段的完善，需要译者从全文出发，结合具体的翻译目的、翻译要求进行校改与完善。

综上所述，文化始终影响着翻译的具体过程。由于不同文化间的相似性以及人类认知方面的共性，翻译成了沟通不同民族与语言的桥梁。但是，世界文化精彩纷呈，不同的文化都带有各自的特点，因此译者需要利用文化对翻译的促进作用来提升译文质量，并有意识地进行文化间的交流。

2. 翻译对文化的促进作用

翻译对文化的促进作用也十分明显，主要表现在以下三个方面：

（1）翻译催生新的文化表达

在信息时代以及经济全球化进程加快的影响下，不同国家之间的跨文化交流活动也变得更加频繁。翻译在跨文化交流中的媒介作用体现得十分明显。由于翻译过程也是文化交流的过程，因此翻译在一定程度上催生着文化表达的出现，从而对文化与语言的发展起着一定的促进作用。

（2）翻译促进文化交流

翻译对文化交流的促进作用是显而易见的，这不仅是由翻译的中介作用决定的，而且体现了翻译的文化沟通作用。

在翻译活动的发展过程中，其内涵与外延也不断进行着扩展。经济全球化时代的到来使得人们开始从跨文化的角度对翻译进行探究，从而也体现了文化交流与时代发展对翻译的新需求。

文化是民族特色的反映，通过翻译的中介作用，不同民族的传统文化得以沟通与交流，从而起到向外宣传民族文化、向内提升民族文化活力的作用。例如，随着翻译活动的进行，中国优秀的民族文化得以为世界所了解，中国文化也在不断地接受新的外来文化，从而促进自身发展。从这个意义上说，翻译是提升文化影响力与自身活力的有效途径。

翻译的这种文化交流作用不仅是时代发展的要求，而且是民族发展的必要方式。不论一个国家的历史多么辉煌，如果只是采取闭关锁国的方式，不与世界其他文化相互沟通，就难以进行自身的发展。文化沟通与交流是不同文化碰撞的过程，同时也是提升民族文化活力的方式。

（3）翻译促进文学的发展

文学是一个国家文化与社会发展的反映。翻译作为重要的跨文化交流活动，对于文学的发展也有着积极的促进作用。这种翻译对文学的促进作用从历史上很多文学事件中都能体现出来。

（二）文化与翻译的反向关系

文化与翻译相辅相成，既有正向促进的关系，也存在反向制约的关系。

1. 文化对翻译的制约作用

文化对翻译的制约作用主要表现在对翻译选材和翻译策略的选择上。

（1）文化影响翻译选材

文化对翻译的选材有着重要的影响，这种影响主要表现为翻译的形式与表达是由文化的强弱决定的。

文化强势指的是该国家在文化领域发展势头较好，而文化弱势则指的是该国家在国际上的发言权较低或在文化领域势头不高。国家文化强势程度直接影响着翻译的选材。具体来说，这种影响主要表现在译本选材与翻译目的的表现方面。

（2）文化制约翻译策略

对于翻译策略来说，文化也有着一定的制约作用。这种制约性在文学翻译中表现得尤为明显。

美国翻译理论家安德烈·勒菲弗尔认为，翻译策略的选择主要受两个因素的影响：

第一，译者所处时代起支配作用的翻译方式。

第二，译者的意识形态，包括自己所认同的意识形态，或者是别人强加的意识形态。

2. 翻译对文化的制约作用

翻译对文化的制约作用是不同文化特点影响的结果。由于不同国家、民族对事物认知方式的差异，因此使用的表达方式也不尽相同。加之历史、风俗等因素的影响，不同的国家形成了各具特色的文化形式。

虽然不同的文化各具特点，但是由于人类的语言都是对客观事物的反映，因此语言和文化之间存在着一定的共性，这是翻译进行的前提条件。

需要强调的是，翻译不可能做到完全对等，不可能全部展示出源语文化的特点，对于文化的传播也存在着一定的制约性。这种制约性的存在对于译者的翻译能力、翻译策略的选用有着一定的要求。

在跨文化日益频繁的现代社会中，翻译的作用更加重要。因此，译者应该提高自身的文化素养和文化意识，增强自身的文化理解力，减少或降低文化对翻译的制约作用，提升译文的质量，为文化的沟通与交流做出自己的贡献。

二、翻译的文化建构

从文化的角度对翻译人才进行培养是时代发展的必然要求，下面从可译性、文化等值与文化欠额三个角度进行分析。

（一）翻译的可译性

翻译与文化相互影响、相互渗透。在翻译过程中，需要以文化为背景。但是，文化对翻译的制约作用使得翻译不可能做到完全对应。这就需要译者对可译性问题有所了解。

语言的可译性带有一定的限度。这种限度表明，并不是任何语言在任何情况下都是可译的。从文化角度来说，翻译的有限性体现为文化词汇转义、文化词汇内涵不同两个方面。

1. 文化词汇转义

语言中的词汇是记录民族、社会现象的。当社会上出现新的事物之后，就会在一定期间内出现相应的词汇表达。一些词汇会被赋予新的意义，而原始意义不再使用。这个现象就是文化词汇转义。

转义的文化词汇的翻译一般使用解释法或者加注法进行，从而正确、全面地体现出词汇的内涵。因此，译者在翻译时应该根据翻译目的和上下文语境进行思考，从而提高转义的文化词汇翻译质量。

2. 文化词汇内涵不同

由于不同民族思维方式上的差异，对于同一种事物可能产生不同的表达，即使是同一种事物，也可能被分别赋予不同的文化内涵与联想意义。因此，在跨文化翻译过程中，译者需要了解这些文化词汇的内涵，从而正确地传达原文的含义。例如，在中国传统文化中，龙（dragon）是一种高贵的动物，代表着吉祥如意。但是在英语文化中，龙却有着邪恶、暴力的含义。这种词汇含义的不同是受文化影响的。

可译性问题在翻译的文化建构中经常出现。一般来说，语言符号所承载的文化信息量越大，其可译性也就越低，对译者的要求就越高。

（二）文化等值翻译

文化等值翻译，顾名思义，就是追求译文与原文在文化上的等值性。下面具体对文化等值翻译的相关知识展开叙述。

1. 文化等值的类型

语言是语言表层含义和语用文化含义相结合的统一体。在具体的翻译过程中，译者的目的是追求文化等值，但是在实践过程中，这种等值几乎难以实现。一般来说，文化等值包含零等值、部分等值和假性等值三种情况。

（1）零等值

零等值指的是一种语言中的文化内涵在译入语中找不到对应的表达。零等值是多种因素综合作用的结果。其中，历史因素的影响不容忽视。每个民族的历史都不尽相同，形成了带有自身特色的民族历史。因此，由历史所衍生出的文化内涵也具有独特性。一般来说，这些带有浓厚历史色彩的文化词汇都难以在译入语中找到对应表达，因此便形成了零等值状态。

（2）部分等值

部分等值在翻译中十分常见，指的是一种语言所表达的文化信息在另一种语言中存在着部分等值的情况。

（3）假性等值

假性等值指的是一些词汇虽然在字面意义上带有一致性，但是在内涵上却不尽相同，是一种表面等值现象。

2. 翻译中的文化等值

翻译是语言沟通的桥梁，而语言是文化的外在表现，因此翻译也是文化沟通的媒介。但是，在具体的翻译过程中，要想实现文化等值却并非易事。

（三）文化欠额翻译

不同的语言背景导致了翻译不能达到真正的等值。译者需要努力向翻译对等的方向努力，同时了解文化欠额的具体翻译方式，从而提高译文的质量。

1. 文化欠额翻译概述

著名翻译理论家纽马克将文化欠额翻译定义为在翻译中，存在着一种不能完全传送或局部传送的情况。通常，一种语言包含着某种特定的文化信息。翻译过程中如果没有将这些文化信息翻译出来，就会影响译文质量，出现文化欠额的现象。

2. 文化误译

当译者不了解英汉语言与文化之间的差异时，就有可能出现文化误译现象。这种翻译现象在英语习语、谚语的翻译上表现得较为明显。文化误译也是文化欠额翻译的重要类型。

由于习语、谚语是不同民族的人们在历史、社会的不断发展变化中总结出来的，因此能够体现一定的民族与地方色彩。这就为跨文化翻译带来了一定的障碍。译者应该在平时不断总结中西方文化的知识，从而提升自身的翻译能力与文化素养。

语言与文化虽属两个不同的学术领域，但它们之间的关系是相互依存、相互影响的。可以说，语言是文化的载体，文化又制约着语言的发展，任何一种语言只有在其所处的文化背景中才可能被全面、充分地认识，因而语言和文化的研究是相互的、分不开的。

尽管翻译与两种不同的语言有着密切的联系，但其所涉及的内容是两种不同的文化，因此，理解它们之间的联系对于我们的翻译工作来说，将会有很好的帮助作用。在具体的语言翻译过程中，积极处理好语言、文化、翻译"三位一体"的关系，并且综合使用不同的翻译方法与翻译策略是提升译文质量的有效途径。

第二节　文化类翻译人才培养的原则

文化类翻译人才的培养需要科学的培养原则作为指导。具体来说，主要包括以下五个原则：

一、注重文化原则

注重文化原则是文化类翻译人才培养的首要原则。因为语言学习也是一种文化学习，翻译的过程也是文化交流的过程。因此，翻译教学中必须注意文化原则的指导。

具体来说，教师可以在翻译课堂上让学生了解不同国家、地区的文化差异，然后培养学生的跨文化交际思维，从而为日后的翻译实践打下良好的基础，让学生形成跨文化信息转换的思维与能力。

二、循序渐进原则

翻译人才的培养并不是一朝一夕就可以达成的。因为翻译是一个复杂的语言转换过程，不仅需要译者掌握一定的翻译技巧，而且要求译者具备一定的文化能力。

因此，文化类翻译人才的培养应该遵循循序渐进原则，在人才培养过程中按照由浅入深、由易到难的顺序进行知识的教授，让学生按照词汇、句子、篇章的顺序进行翻译学习。在实际的翻译中，教师应从三个层面上把握好"逐步"的原则：

①教师应该首先从学生了解的层面入手展开翻译教学。

②在选择翻译材料过程中，也应该贴近学生实际。

③在理解原文语言本身时，教师应该引领学生按照由易到难、由浅到深的顺序进行，且不可急于求成。

除此之外，教师可以从文化的角度进行引领，从而让学生了解中西方语言与文化的异同点，在接受异国文化的基础上进行翻译学习，从而增进对本民族文化的理解。

三、学生中心原则

文化类翻译人才的培养需要遵循学生中心原则。翻译教学不仅需要学生掌握一定的翻译技能，还需要学生可以在跨文化的背景下展开具体的翻译行为，其教学目的是以学生学习的自主性为基础的。也就是说，教学中需要以学生为中心展开教学，教师在翻译人才培养中应该担任指导者，发挥自身的协调、指导作用。

随着社会的发展，社会对翻译人才的要求越来越高，因此在教学中就要对学生的自主性、积极性、创造性、文化性进行培养，从而使他们能够适应社会需求。

为了更好地协调社会、教学、人才培养之间的关系，教师应该在学生中心原则的指导下进行教学，具体应该注意以下三个方面的问题：

1. 转变教师角色

转变教师角色是学生中心原则要求下的必然改变。在传统的翻译教学中，教师主导课堂，教学过程按照学生翻译－教师分析－学生修改的模式进行，学生一直处于被动接收、记忆的地位。这种教学模式并不适用于翻译人才的培养，同时也不利于翻译人才文化素质的提高。

教师在文化类翻译人才培养过程中应该努力将自身知识传授给学生，引领学生进行多渠道的翻译学习，对学生进行有效指导，帮助学生解决翻译过程中的问题，认清教师自身协调者与组织者的身份。

2. 培养学生的团结协作精神

随着跨文化交际的进行，团队意识、协作精神成了提升社会生产效率的重要途径。翻译活动有着数量多、复杂性高等特点，单靠个人难以应对翻译活动，因此需要多方面的人才合作。

文化类翻译人才的培养应该重视学生团结协作精神的培养，从而帮助学生更好地适应社会需求。例如，针对较长的翻译素材，教师可以将学生分为不同的翻译小组，让小组中的学生分别完成具体的翻译段落，最后小组进行译文风格的规范整合，最终形成译文。这种团队协作需要组员之间互帮互助，同时需要小组成员发挥自身的能力，是个体翻译能力与整体协作意识综合训练的方式。

3. 培养学生的创造性和发散思维

翻译活动带有复杂性，因此并没有单一的翻译模板和硬性的翻译套路。文化类翻译人才培养中应该重视对学生创造性与发散思维的培养，鼓励学生开创自己的翻译风格，引领学生提高译文的创造性，从而更好地为日后的翻译实践服务。

四、注重实践原则

翻译能力的提高仅靠翻译教学并不充足，还需要学生多加练习。因此，在具体教学活动中，应该遵循注重实践原则。

教师应该多给学生提供翻译实践的机会，如课堂训练、社会翻译训练，从而让学生感受具体的翻译工作。这种翻译实践不仅能够提升翻译课堂的灵活性，提高学生对翻译的兴趣，同时还为学生适应社会翻译工作提供了一定的准备，是提升学生自主性、积极性的有效手段。

文化类翻译人才的培养不仅仅是技能培养，而且是文化素质、人格素质、心理能力等的培养，带有很强的实践性，需要教师提高教学的科学性。

为了提升学生的实践能力，教师在教学中需要注重精讲和多练两个方面的内容。翻译教学是让学生掌握翻译技能的教学，如果沿用传统的先灌输后练习的教学方式，是无法让学生掌握翻译这项技能的，甚至会令学生感到翻译教学乏味无趣，这将不利于良好教学效果的实现。因此，在翻译教学中，教师要注重将技能的讲解与学生的练习相结合，并在此基础上不断地进行提炼、总结。

在学生展开翻译练习之前，教师首先需要向学生介绍一些具体的翻译技巧，然后让学生单独进行练习活动。练习之后，教师需要对学生的具体翻译情况展开讲评，对于学生翻译中的问题进行解答，从而引导和启发学生的翻译思维。除此之外，教师还可以通过对翻译知识点的总结，让学生了解翻译练习中的理论知识，从而真正做到理论联系实践，理论指导实践。

学生多加练习是提升翻译能力的重要手段。学生需要在练习中不断进行思考、反思，从而积累自身的翻译知识，提升翻译水平。在精讲多练过程中，教师的指导作用也需要进行积极发挥，从而科学引导学生的翻译活动。

五、速度与质量相结合原则

虽然翻译能力的提高是一个长期的过程，但是这也并不意味着教师的翻译教学是长时间的单向翻译教学。教师应该遵循速度与质量相结合的原则，让学生了解具体的翻译教学的目标。

文化类翻译人才的培养不仅需要学生掌握一定的翻译技巧，而且还应该以社会现实为前提对学生的翻译速度有所要求。随着现代社会生活节奏的加快，翻译速度也成了反映学生翻译能力的重要因素，因此速度与质量相结合是文化类翻译人才培养的重要原则之一。

具体而言，在翻译教学中，教师可以要求学生限时完成翻译练习。例如，针对英译汉的翻译练习，对英文单词要求的数量可首先从每小时 250 个英文单词开始，之后逐步增加至每小时 300~350 个英文单词，随着时间的增长，英文单词的数量也随之增加。

除了必要的课堂限时练习，教师还需要要求学生把握课后翻译的实践，从而结合课内外，让学生的翻译速度稳步上升。

第三节　文化类翻译人才培养的策略

文化类翻译人才的培养是为学生日后的翻译实践和社会服务的，因此既需要完成传统翻译教学的目标，又要兼顾时代发展的要求。具体来说，文化类翻译人才的培养需要注重培养学生的文化语言能力、文化转换能力和文化策略能力。

一、培养翻译人才的文化语言能力

文化语言能力是翻译能力的根基，无论是传统翻译教学还是文化翻译教学，对于学生文化语言能力的培养都十分必要。具体来说，教师可以通过以下途径培养学生的文化语言能力：

（一）扩大学生的知识面

扩大学生的知识面是翻译人才培养的重要方面。由于中国学生缺乏必要的英语学习环境，加之中国学生受传统教学影响较深，因此学习的主动性和拓展性较低。很多学生认为翻译学习就是对课本文化知识的学习，很少关注文化知识与具体的文化翻译策略。

翻译是一门综合性知识学科，涉及很多领域，如果译者不具备一定的语言基础知识就难以理解文本，如果译者的知识层面较窄就难以应对复杂的翻译环境和翻译文本。

鉴于此，在文化类翻译人才的培养过程中可以考虑多开设一些文化类的必修课，如外国文学选修、文化选修，从而可以让学生了解不同的文化形式，提升学生的文化差异意识，扩大学生对文本中文化现象与知识的认识范围，并逐步提升学生对翻译中文化问题的处理能力。除此之外，教师还可以多举办一些课外文化学习活动，扩大学生的文化知识层面。

（二）培养学生的语用能力

语用能力的提升对于学生更加准确地理解文化知识大有裨益。

在教学过程中，教师可以结合英美文化和具体的翻译教学内容，为学生讲解不同的文化现象与文化差异，从而使学生感受不同的文化，并提升翻译学习的兴趣。

除此之外，翻译教材的选择对于学生语用能力的提升也有着重要的影响，教师应该选择那些包含文化知识、涉及文化差异的翻译教材，让学生多接触语言的不同使用方式。除此之外，教师还可以在课内外为学生创设真实的跨文化语用场景，从而让学生了解英语语言表达与语用含义。

二、培养翻译人才的文化转换能力

翻译是语言与文化的转换，因此文化类翻译人才的培养需要注重学生文化转换能力的提升。

翻译教学不仅要求提升学生的英语功底，也要求学生有扎实的汉语语言基础。学生英语运用能力差、不了解英汉文化差异会直接影响翻译质量，而学生没有扎实的汉语表达能力也会在很大程度上影响译文的质量。

在传统翻译教学过程中，教师一般都将注意力集中在学生英语水平的提高方面，忽视了汉语能力对翻译实践的影响。著名翻译家陈廷佑曾指出，能不能译出来取决于译者的英文功底，而译得好不好则取决于译者的汉语功底。

综上所述，翻译能力的提高离不开对学生英语能力和汉语能力的培养。纵观中国现有的外国文学名著译本可知，译者们在对原文的理解程度基本相同的情况下，那些汉语语言功底深厚，译文精炼、优美、富有意象的译本往往流传更广、更久。

因此，在文化类翻译人才培养教学中，教师必须重视对学生汉语语言功底的培养，让学生充分了解汉语的表达习惯，熟悉汉语行文特征，在翻译的过程中体现、发扬汉语语言传统，从而创造出更好的译文，这样才更加符合社会发展对人才的要求。

三、培养翻译人才的文化策略能力

文化类翻译人才的培养还需要培养学生的文化策略能力。科学的翻译策略是提升译文质量的有效手段。具体来说，教师可从以下两个角度入手：

（一）重视归化与异化翻译教学

由于英汉语言之间差异性的存在，在具体的翻译教学过程中，教师可以通过归化和异化的技巧进行灵活处理。

在文化翻译过程中，归化和异化是两种非常重要的技巧，不仅能够传递语言符号所表达的含义，更能够传递文化信息。

异化翻译和归化翻译的区别主要表现在以下两个方面：

第一，异化策略强调原文与译文的差异性，要求译文忠实于原文，从而在译文中体现原文的异域情调。

第二，归化策略要求消除读者对异域文化的陌生感，主张利用本族语文化中的形象对源语文化形象进行替换，从而让读者更好地理解原文内涵。

归化与异化相互联系，同时也存在着一定的矛盾，需要译者根据具体的翻译实际进行灵活选择。

（二）积极开展第二课堂教学及网络教学

现如今，中国翻译教学仍采用传统的英语教学方式，难以适应社会发展的实际，也不能满足社会对文化类翻译人才的需求。因此，教师需要变革传统的教学方法，积极开展第二课堂教学与网络教学。

由于英语课堂教学时间有限，留给翻译教学的时间更不充足，翻译能力的提升需要长时间的训练作为保证，这种教学现状显然与人才培养需求背道而驰。第二课堂教学指的是利用课下时间开展有益于学生文化翻译能力提升的教学活动，从而让学生在积极、放松的环境中进行翻译学习。

网络在现代生活中有着广泛的应用，已经成了提升英语教学效果的重要手段。教师可以以网络教学为课堂教学的补充和延伸，它可以在教师的现场指导下进行实时的同步学习，也可以在教学计划的指导下进行非实时的自学，还可以利用电子邮件、在线讨论区、网络聊天等方式进行团队协作的学习。

此外，更多的学者与教师重新审视不同文化在翻译中的作用。文化类翻译人才的培养是时代发展的必然要求，同时是英语翻译人才培养的重要途径，需要师生共同配合。在时代发展的影响下，文化因素必然越来越多地出现在日常交际与翻译实践中。

因此，教师需要适应自己教学角色的转变，利用多媒体、网络等多种方式展开文化翻译教学，同时充分利用课堂教学和第二课堂教学，让学生能够接触更多的文化知识与翻译知识。除此之外，教师还可以组织多种文化翻译活动，提升学生的翻译学习兴趣。作为翻译学习的主体，学生应该认识翻译的实践作用，摆正翻译学习心态，多加练习，用开放的眼光对待英汉文化，从而提高自身的文化素养与翻译技能，更好地为日后的翻译实践打下基础。

第五章　新时代背景下英语翻译人才培养创新

第一节　交流与翻译是英语教学的最终目的

一、英语教学的最终目的

交际技能是指人在语言手段（口头、书面）和非语言手段（身体语言、面部表情）方面取得一定的沟通作用。目前英语教学中缺少对交际能力的关注，导致很多学生虽然掌握了大量的语法知识和词汇，但是在实际应用中的效果并不理想。所以，英语教师在英语教学中既要重视语言的形式，又要重视英语交流。

英语教学应从学生的交际需要和认知发展的角度出发，注重在与人的交往中恰当地运用英语来获取和处理信息，用英语分析和解决问题。

语言并非人类交流的唯一方式，但却是最主要的交流方式。我们所设计的整个社会架构都是由言语来调控的。如果没有口语，也就没有后来的文字，我们就无法创造出这么复杂的社交网络。很明显，人们学习外语是为了进行交流，而不是为了展示自己能够记忆多种语法和语音规则，从每天的谈话中就可以看出这一点。你需要的是那些不需要任何语音、语调和文法的规则来表达和交流的信息。虽然句子中的语法有误，但是可以听懂问题，也能实现交流的目标。以下的例子也能解释语言是如何服务于交流的。假如你和一个好朋友聊天，他忽然插嘴说："我觉得你不该那样谈论，而应该是……"这是由于你在交谈时，把注意力放在了话语的意义上，而非如何表达上。在交谈中，最关键的是要表达清晰，说话人和听话人可以互相交流。几乎没有人希望听话的人专注于语言的构造，因为使用语言的真实用意就是建立一个沟通的通道，以便达成某种目标，比如获得一些信息、讲一个笑话、记录一个问题或者说明一个过程。语言为各种日常交流提供了便利。其实，每个人的生存环境都不一样，都会遇到各种各样的问题。只有将语言当作一种交流的手段，才能使学生得到更多的知识。

因此，在英语教学中，英语交流能力的培养是非常有必要的。为了提高英语交流的水平，我们需要更新教学理念，改善教学方式，让学生掌握交流的主动权，同时也要让学生认识到英语交际的文化背景，克服母语文化对英语交流的不利影响。英语教学要做到充分调动学生的学习兴趣，营造轻松、愉悦的学习环境，适当地强化文化渗透，积极地进行第二课堂活动，让学生学得开心、学得主动，在快乐中让学生的英语交流能力得到培养。

二、让交流成为学生学习的动力

语言作为一种交际工具，在人们的生活中起着不可替代的作用，而英语作为国际通用语言，在国际社会中发挥的作用越来越明显。怎样才能让学生喜欢说英语，这是一直困扰着英语教师的问题。根据已有实践经验，可尝试采取以下策略：

（一）要求学生多读，积累词句

毕竟我们都生活在一个说汉语的环境里，没有更多的用英语交流的机会。因此，教师应鼓励学生多读，只有读多了，大脑里积存的词汇多了，说起话来才不至于词穷。故此，我们应做到以说促听，以说促写。

（二）让学生多听，训练发音

多听多练也是帮助学生树立自信的一种方式。只有发音正确了，学生才敢于开口说话，不会担心自己说成不伦不类的英语，使人贻笑大方。

（三）营造良好的课堂气氛，让每一个学生敢说、乐说

比如在每一节课开始前拿出五分钟时间，让学生来一个"自由讨论"，这不失为一个提高学生口语水平的好方法。开始的时候，先请一些胆大的、学习较好的学生走上讲台自由地说英语。比如有的说天气，有的说一些在生活中发生的事情，时间久了，"自由讨论"便会成为学生的一种习惯，就连成绩较差的学生都能走向讲台，说上几句。对于学生表述的错误，教师不要急于改正。否则的话，学生刚刚产生的说英语的热情就会被教师的好心扑灭。所以，在这个活动中，教师要注重对学生的赞美，要给予学生更多的鼓励。这样，可以让学生有机会去实践自己的演讲，让每个人都能感受到自己的成功。随着时间的推移，学生不但胆子变大了，而且口才也会变得很好。

（四）把口语练习贯穿于整个教学过程

要在课堂结构上进行大胆的改革，把教材内容做得更好，把口语的基础打牢，和口语训练有机地结合起来。通过反复的练习和提高，使学生逐渐掌握口语的技能，形成良好的口头表达习惯，从而极大地丰富英语课堂的教学内容。良好的课堂氛围可以帮助学生克服过度的压力，达到最佳的学习效果。教学是一种双向的活动。首先，要沟通师生情感，培养学生积极向上的态度，让学生愿意讲英语，而快乐的心情也会对学生的心理素质产生一定的影响。其次，运用创新的教学手段，提高学生的学习兴趣。学生一旦对英语有了浓厚的兴趣，并从中得到了快乐，就会主动开口，从而加快了听说能力的发展。在此基础上，教师要给予学生及时、充分的肯定。

（五）培养学生的语言应用能力

新课程改革的目标是培养学生自主学习、自主发现和解决问题的能力。所以，在新课程的指导下，如何激发学生主动去读英语，是一个迫切需要解决的问题。在英语阅读教学中，教师首先要引导学生找到文章的重点；在学生发现了知识的基础上，教师利用这些知识创造问题，激发学生的思考能力，从而达到"活学活用"的目的。比如，"likely"这个词是由学生发现的，它可以帮助学生创造句子，如"It is likely to rain."或"It is likely that she will win the match."。

新课标注重对学生综合素质的培养，通过各种形式的教学活动，拓宽了学生的视野。为了给学生提供更多的英语沟通机会，教师可以通过各种形式的教学活动来激发学生的英语学习兴趣，以及增强他们的语言应用能力，还可以增强他们对所学语言的理解。教师可以在课余时间内，有针对性地组织各种英语小组（例如：国外文化小组、会话小组、口语交流小组），还可以组织各种形式的英语活动，比如鼓励唱英语歌曲、举行英语演讲等，让英语融入学生的生活和学习中，从而提高他们的英语应用能力。

新课程改革的目标是提高英语教学质量，提高学生的英语应用能力。英语教学中，传统的教学理念难以培养学生的语言应用能力，因此，教师要根据语言的现实含义，合理地组织教学，以提高学生的语言应用能力。同时，教师要充分理解新课程的内容，营造良好的英语交际环境，并逐步提高学生的英语沟通能力。

总之，各种形式的口语教学不仅可以使学生的英语学习变得更加活跃，而且能够促进学生在听、说、读、写等方面的全面发展，为以后步入社会奠定了坚实的基础。但是，学生口语水平的提高并不是一朝一夕的事情。它是一个循序渐进的过程，在这个过程中，学生和教师都要持之以恒，按照由易到难、由简单到复杂的原则，密切结合课本内容，勤说多练，长期坚持。只有这样才能使英语成为学生交流的工具，而不是用来考试的筹码。

三、英语教学中的翻译教学

长期以来，我国的英语教学普遍强调提高学生语言交际能力的重要性，故将教学重点放在听说方面，而对于翻译能力的培养却很少提及。因此，英语教学中对翻译教学的关注不够，直接造成了学生英语翻译和综合应用能力的下降。根据语言发展的内在规律，"听""说""读""写""译"五个基本的语言能力是密不可分的。实践也证明，如果把翻译教学适当地融入英语教学中去，那么在一定程度上，既可以培养学生"译"的能力，又可以使"听、说、读、写"四项语言基本技能得到有效的锻炼和提高，从而全面提高学生的语言综合运用能力。

（一）英语教学中翻译教学的必要性与重要性

1.强化翻译教学，为学生的全面发展奠定坚实的基础

随着我国对外交往的日益频繁和国际化的发展，英语人才的需求量越来越大，特别是对英语交流能力的要求也越来越高。因此，在实施素质教育的同时，必须加强英语教学中的翻译，并尽早利用其在英语教学中的特殊功能，为今后的发展打下坚实的基础，同时也为国家培养大批高质量的英语人才。

2.加强翻译教学可以促进学生双语能力的提高

美国语言学家赛林克提出，英语学习者会在母语与二语之间建立起一套独立的语言体系。英语教学要解决的问题就是怎样使英语学习者从中间语言的过渡过程中顺利地度过。能否顺利地从中间语过渡到目标语，直接决定了英语学习的成败。英语教师应该注意到正确地认识和运用母语与英语之间关系的重要性。在此基础上，人们对汉语与英语的关系进行了深入的探讨。在英语教学中，应重视英、汉双语的训练，而不应忽视或抛弃汉语训练。英语学习者的母语体系能够帮助他们比较母语与英语之间的差异，加深对英语的了解与感觉，使其从中间语向目标语转变。所以，正确运用翻译教学，掌握英语汉语的对比分析要领，赋予学生理解、表达技巧等，可以强化正迁移，克服负迁移，使学生掌握纯正的英语，增强英语思维，激发学生的学习兴趣，巩固所学英语。此外，英语的学习也利于母语能力的提升。我国著名作家王蒙先生说："英语与母语并不互相抵触，而是相辅

相成的。只有把自己的母语和英语进行比较，人们才能真正地了解自己的母语的所有特征，通过对比来获得启发和联系，进而扩大和加深对英语和母语的了解和感觉。"翻译时，译者不但要能够准确地理解英语，还要能够用自己的语言进行准确的翻译。在一定程度上，强化英语教学，有助于培养学生的双语学习能力。

3.强化翻译教学，对提高英语综合应用能力具有积极作用

英语综合运用能力包括听、说、读、写、译。听说与阅读是获取知识和语言习得的重要途径，而说与写则是语言输出与沟通的重要方式。译可以被解读为"听、说、读、写、译"的核心，是信息的收集、加工、转化、输出、最终形成观念与认知的中枢，而译是五大基本技能中最难的，同时也是英语学习者各种语言和知识的全面体现。当然，学生英语综合应用能力的提高与全面的学习与积累是分不开的，听、说、读、写、译，环环相扣。

4.强化英语教学能帮助学生更好地了解英语文化内涵

任何一种语言都会因其所处的自然环境和人文环境的不同而产生不同的语言结构和文化内涵。英语学习过程是指在了解和掌握语言材料的语言结构后，将所反映的跨文化内容与其母语进行对比，从而体会到外来文化的影响，达到去其糟粕、取其精华的目的。将翻译与英语教学相结合，能让学生对不同于本国的文化知识产生强烈的兴趣，从而获得成功学习外语的成就感和动力。同时，加深对世界各地的风土人情、人文地理、历史、经济发展的认识，能提高学生的观察力和分析力，从而形成全面分析问题的能力。

（二）在英语教学中加强翻译教学的方式和策略

1.加强英汉语言对比教学

在英语教学中，应加强英汉对照，使学生了解英语和汉语在词汇、语法、搭配等方面的相似性。英语课堂教学的时间很短，很难在课堂上进行大量的翻译练习，所以，要有足够的英语练习时间。举个例子，我们用汉语来说："我已经12岁了。"汉语中没有"是"字，而在英语中，要使用"be"动词。又比如说，我们用汉语说："昨天我在大街上遇到了老师。"如果用英语来说，就是"I met my teacher in the street yesterday."。汉语习惯将时间状语和地点状语置于谓语之前，英语习惯将时间状语和地点状语置于宾语之后。这就要求在英语教学中不断强化英语汉语表达差异的能力。这样，学生就不会出现中国式英语，翻译和综合语言应用的水平同时也会大大提高。

2. 适当提高翻译技能的教学

在英语教学中，适当地引入翻译技能教学，能够有效地提高学生的翻译能力和水平。笔者曾经在课堂上适当地增加了一些翻译技巧的教学，并让同学们在这个过程中不断地练习，发现他们的翻译技能都有了很大的提高。例如，在英语被动句的翻译中，学生们认为，只有"被"这个词才能真正地表达出汉语的含义，因此，在"He was considered quite qualified for the job."的翻译中，许多人都会这样说："他被视为这项工作的最佳人选。"实际上，英语的被动语态在翻译成汉语时，可以翻译为汉语中的被动句，但也可以翻译为汉语的主动句。因此，从语法上来看，该翻译是正确的，但是在语义层面上，它却是在照搬汉语的被动式。如果加上人们、有人、大家、我们等泛指主语，把这个句子翻译成"所有人都觉得他很适合这项工作"，那就更好了。在以这个句子为例向学生解释这些技巧和方法后，通过重复的练习，可以看出，学生在这方面的翻译水平有了很大的提高。

3. 夯实英汉语的基本功

英语不是一朝一夕就能学会的，必须刻苦学习。在培养学生阅读、写作、练习的同时，也要注意汉语能力的培养。在一定程度上，汉语的语言表达是提高翻译水平的重要因素。同时，译者的汉语素养在英译汉中的作用也是不容忽视的。此外，翻译是以一种语言的形式准确、完整地再现另一种语言的活动。每种语言都有其自身的文化背景，所承载的文化特征也各不相同。奈达认为，要想成为一名成功的译者，不仅要精通两种语言，还要懂得两种不同的文化。然而，在英语教学中，由于学生对中西文化的差异了解较少，因此，其翻译多为文本的对译，而由于文化因素的缺乏，往往会造成错误的翻译。如何处理文化差异，跨越语言鸿沟，成为翻译教育的一个重要课题。语言和文化是紧密联系在一起的，因此，必须把两者放在一个整体中去理解，并贯穿于整个教学过程。尽管目前并没有特别的文化差异教学，但是文化的学习一定要贯穿于课堂教学中。历史背景、生活环境、宗教信仰、礼仪规范等，这些都是影响翻译的重要因素。在教师看来，翻译是一种从语言到文化再到交流的教学活动。对于学生来说，这是一种由点到面、由表及里、扩大知识、扩大文化眼界、把知识逐渐转变为跨文化交流的过程。翻译教学应与文化教学相结合，让学生认识到两种语言之间的异同，并把它们放在特定的环境中进行探讨，从而提高学生对语言、文化的敏感度，使译文与原文的文体、意境相一致。

4.提高英语教师专业素养和改进翻译教学方式

要做好翻译教学，就要有一定的翻译理论知识，有一定的课堂组织能力。通常，教师在学生时期学习了一些翻译课程，但是他们并没有真正地实践过。这就导致了许多教师在教学中缺乏理论知识，教学中出现了无力感。英语教师要充分运用精读教材所提供的语言活动素材，将翻译的理论和技巧运用于精读课文的教学之中，自觉地提高学生的翻译水平。

此外，英语教学还应注重对翻译教学的改革。在传统的翻译教学中，教师往往是以自己为主导，讲授过多，而不能让学生去实际操作。甚至在课堂上，教师也是以自己为主，没有太多的时间和机会让学生去表达自己的观点。教师要充分发挥学生的主体性，激发他们的参与感，给他们创造参与的机会，提高他们的学习效率。基于这一点，笔者认为，"批评法"是一种很好的补充。"批评法"是指在翻译课上，充分调动学生的积极性，使他们在翻译过程中发挥主导作用，不断地自我或互相修正，从而真正地提高翻译的水平。"批评法"的具体实施方式：首先将学生分为几组，由教师讲解一种翻译的方法或技术，然后根据所说的内容，安排预先选择的翻译材料进行练习；教师在校对各组的翻译后，逐一进行评估，并指出其优缺点；教师为学生讲解自己的翻译，同时也鼓励学生指出一些错误，并在适当的时候进行讨论。在课堂教学中，教师要尊重学生的观点，激发学生的创造力。教师在翻译过程中要强调积极的态度，对于有进步的学生要及时给予表扬。

5.利用现代科技媒介技术实现翻译教学的最优化

当今社会信息日益丰富，网络媒介在日常生活中起着举足轻重的作用。一方面，随着现代信息技术如语料库、计算机网络技术的不断发展和应用，对翻译教学提出了新的要求。另一方面，教师在设计课堂时应注重材料的收集，在课堂上充分利用网络资源，并引导和帮助学生充分利用便利的现代媒体。网上有很多的翻译材料，教师可以为学生提供更好的翻译站点，让他们在闲暇的时候进行自学。教师应鼓励学生运用多媒体、网络化的方式来扩展自己的知识。在开放的网络平台上，有大量的信息资源，教师可以指导学生通过互联网查找各种有关的资料和背景知识，使他们能够更好地进行实际的翻译工作，并通过他们自己查找到的具有代表性的文化背景知识来进行交流，完成信息的交流与分享，从而达到更好的教学效果。

翻译是一门外语基础技能，它在外语教学中占有举足轻重的地位。英语教师若能把翻译能力的培养与其教学内容有机结合，把翻译教学与英语教学结合起来，不但可以全面地培养学生的英语基本技能，同时也能促进学生的翻译能力的提升，为学生更好地适应社会的需要打下坚实的基础，从而使他们的英语综合应用能力得以提高，符合时代发展的要求。

此外，要真正地进行翻译教学，必须从课程设置、课时安排、大纲、教材内容、师资培训和教学方法等几个方面进行调整。在指导思想上，要注重培养学生的能力，合理、科学地在教学中加以体现，无疑会使学生的专业能力和语言能力逐渐提高。

第二节　英语教学是翻译的前提与基础

一、英语教学与翻译

长期以来，国内大学外语教学对翻译的关注一直不多，尽管"译"被教育部定为外语教学的基础，但一些英语教师仍然认为"听""说""读""写"才需要专门的课程、教材、教学方法，甚至还有一些教师认为"译"这个词，就像是一个人在掌握了第一个技能之后，就能自然而然地学会的。这种思想体现在人才培养标准上，具有相当的代表性，即有些人认为学习英语就可以胜任翻译工作。在英语教学中，这是一种错误的认识。

在诸多英语教学流派和教学方法的影响下，翻译教学几乎被遗忘，甚至沦为"落后"教学法的代名词。实际上，英语教学和翻译是密不可分的。就学生而言，除了掌握基本的词汇、语法和修辞技巧之外，在阅读理解时，其实也在进行一种无形的"心译"。为了表达，也要进行有形的翻译，即口头和书面的转换。教师可以通过翻译来检验学生在词义选择、语法分析和阅读理解上的精确性。因此，英语教学中的翻译不仅是客观存在的，也是其他教学方法所无法取代的。

（一）词汇方面

英语中的大部分词汇都具有多义性，因此在翻译中要注意词义的正确性。

例　如：The elderly gentleman who was poorly but neatly dressed, accepted the spoon and began eagerly to sample one after another of the puddings, only breaking off occasionally to wipe his red eyes with a large torn handkerchief.

在本例中，大部分人将"his red eyes"译成"他的红眼睛"，这不足为奇，甚至有些教师的著作也是如此翻译的。在这个背景下，"red"已经不是原来的"红"的意思，而是"bloodshot"，即"布满血丝的"。再联想到这位衣衫褴褛、自命不凡的老先生，他那破破烂烂的衣衫和破烂的手帕，再把"his red eyes"翻译成"他的眼睛发红（或充血）"，倒也相得益彰。从常识上来说我们很少说"一个人的眼睛是红色的"。这就像"red hands"不能翻译为"红手"，而是"染血的双手"；"red head"不能翻译为"红头"，而应译为"红头发"。

（二）句式结构方面

一些不存在词汇障碍的句子，在翻译过程中依然存在着一定的难度。从句法的角度来看，句式结构可以分为语序型和组合型。

1. 语序型

（1）前置法

英语中较短的限定性定语从句、表身份特征等的同位语在译成汉语时，往往可以提到先行词（中心词）的前面。

（2）分起总叙与总起分叙

由于英语中的连词、关系代词、关系副词等具有较强的生成能力，可以构成并列句、复合句及其组合形式，因而在英语中较为常见。英语长句虽然很长，但是由于被称作"句"，所以可以被浓缩成一个句子，以及由几个定语从句、状语从句组成的说明句。按照汉语思维方式和语句表达的内容，可以采取分起总叙式或总起分叙式进行翻译。

（3）归纳法（综合法）

针对英语中出现的跳跃式长句，译者必须"综合治理"，将其重组，理解其意义，最后将其概括为清晰的译文。

2. 组合型

（1）分句法

一些句子在形式上虽然是一个完整的句子，但是因为"联系词"的关系，各个分句的意思是相互独立的，可以把它们拆分为短句。

（2）合句法

原文形式上是两句或多句，但含义密切，如果译文不觉得太长，就能合译为一句话。例如，同主语的简单句和并列句可以组成一个句子的并列成分，而更短的从句、状语从句可以被压缩为主句的修饰成分。

例如：For five hours she drove，stopping only to rest her horse.

这句话算是简单的，但从学生翻译完的结果看，他们并没有真正理解这句话的含义。学生大多译为"她开车用了 5 个小时，停下来才让马休息"或者"她驾驶长达 5 小时，只是让马休息时，才停了下来"。

很容易能看出来，以上译文或是对"drove"与"horse"的关系把握不准，或是对"stop to rest"这一动词结构及其语义功能理解失当。无论从故事发生的时代背景（美国内战时期），还是从上下文的语境来看，"drove"的对象既不是"horse"，也不是其他什么车辆，而只能是马车。"stopping only to rest her horse"只是为了强调说明"stopping（driving）"的原因，从而烘托出"她"连续 5 个小时赶路的迫切心情。

（三）阅读理解方面

阅读是中国学生学习英语的重要途径之一，是所有基础技能中最重要的一部分，而在各种测试中，阅读往往也是最重要的一部分。

在英语教学中，教师经常要求学生翻译文本，或安排学生进行段落或短文的翻译，以训练学生运用综合的语言技巧，增强他们的阅读能力。

例　如：Of the fruits of year I give my vote to the orange. In the first place it is perennial—if not in actual fact，at least in the greengrocer's shop. On the days when dessert is a name given to a handful of chocolates and a little preserved ginger when macedoine de fruits is the title bestowed on two prunes and a piece of rhubarb，then the orange，however sour，comes nobly to the rescue；and strawberries and raspberries and gooseberries riot together upon the table，the orange sweeter than ever is still there to hold its own. Bread and butter，beef and mutton，eggs and bacon，are not more necessary to an ordered existence than the orange.

虽然很多人都能做对这一短文后的大部分多项选择问题，但在翻译之后，还是找到了不少理解上的错误。有的把第一句直译为"关于一年的各种水果，我要把票投给橘子"。实际上，"of"短语的作用是限定比较的范围。"give my vote to"相当于"like best"，这句话的意思是说"在一年的所有水果中，我最喜欢的是橘子"。第二、三句是作者论证他最喜欢橘子的理由。如第三句分号之前的两个由"when"引导的从句，是突出描写水果稀少时节的情况，主句则是作者赞美橘子所起到的补缺作用。而有的学生却把主句理解为"于是，不论多么酸的橘子都是高尚地走出来救援"，违背了作者的原意。其实，这里的"however sour"，是一个独立的让步状语从句而不应用作定语，宜改译为"而此时的橘子，无论怎样酸，却慨然而出为之解围"，这样，从语气上就与作者赞美橘子品格的本意相一致了。有些学生对最后一句的理解也出现了偏差："对日常生活来说，与其说是面包黄油，倒不如说更需要的是橘子。"原句中的"not more than"这一比较结构，相当于"not so as"（不比……更……），如"I am not more mad than（=not so mad as）you are."（我发狂并不比你发得更厉害）。作者的本意旨在于强调与面包黄油之类的生活必需品相比，橘子也是不可缺少的。据此论证，此句宜理解为"对于有条理的生活而言，面包、黄油、牛肉、羊肉、鸡蛋、咸肉都并不比橘子更加必不可少"。

总之，翻译对英语教学的影响是很明显的，以避免母语干扰为借口，将翻译从英语教学中完全排斥出来的主张与客观现实不符。

二、英语教学中的翻译教学

翻译教学是培养翻译人才的主要途径，也是英语教学中的重要组成部分。大学英语的翻译教学应适当讲授翻译理论，改进翻译教学方法，努力提高学生英语翻译的实际应用能力。

随着国际交往的日益扩大，跨文化交际活动在各个领域急剧增加。在这样的时代背景下，许多国家都不断加强对英语教学的研究，全面提高国民的英语水平。通过中学、大学阶段的学习，我国学生的英语阅读能力、听说能力以及写作能力均得到锻炼，并有不同程度的加强，但是，学生的英汉翻译能力却仍然普遍较低。在英语教学中，翻译能力的培养成为英语教学中的重要组成部分，也是培养翻译人才的主要途径，通过学习，学生能以英语为工具阅读国外各类参考文献，获取先进的科技信息并参与国际交流。将翻译教学融入英语教学当中，培养学生的翻译能力十分必要。另外，由于师生的语言背景相同，在课堂上，适当的母语解释，尤其是在解释具有抽象意义的词汇和母语中所没有的语法现象时，翻译教学既省时省力又简洁易懂。

（一）英语翻译教学的现状

翻译教学在英语教学中一直是个软肋，在很大程度上没有得到应有的重视。英语四、六级考试对英语教学的实际应用产生了一定的影响。英语教学和英语练习被广泛应用于课堂教学中，旨在为学生创造英语交流环境，训练他们使用英语的习惯。然而，这一方法往往没有顾及学生的具体情况，有些教师由于教材内容的限制，无法营造良好的交流氛围，有些教师所讲的英语不标准，让人难以理解。另外，现行的大学英语教科书中，尽管每个单元都会有汉译英、英译汉的模拟练习，这虽然促进了学生对课文中的词汇和句型的掌握，而对翻译的知识和技巧却只字不提。

（二）英语教学中实施翻译教学的对策

1.给翻译教学提供良好的外部环境

外在环境是指对学生进行一定程度的外在激励。在教学中，要加强学生对翻译的理解和实践；此外，在期末考试中，还应增加翻译的权重。在考试的压力下，学生们应当可以把注意力放在翻译的学习上。在翻译教学中，可以选择四级考试的教材，或与英语四级考试中的汉英翻译相结合，以适应学生的实际需求，提高学生的学习热情和效率。同时，教师也可以针对不同专业的需要，收集和整理有关学生的专业知识，从应试的压力、教学的实际出发，开展英语翻译教学，以上举措能有效地激发学生的学习兴趣。

2.适当地给学生讲解翻译理论和方法

翻译理论的指导作用是降低翻译的盲目性和因循性，提高其科学性和高效性。众所周知，翻译讲究"信、达、雅"。简而言之，翻译要做到忠实、流畅、优美。对于一般的直译和意译，如果译者关注的是在语言层次上的技术处理，那么在保留原文的同时又不使语义扭曲的情况下，应该直译；意译理论认为，不同的语言具有不同的文化内涵和表现方式，如果存在着形式上的障碍，就应该采用意译。在运用直译和意译的同时，还应遵循"能直译就直译，不能直译就意译"的基本原则。在进行直译或意译时，应避免陷入两个误区：不知"忠实"到什么程度，过于依赖原文，导致"死译"；我们不清楚意译要走多远，如果放任不管，就会造成"胡译"，因此要注意死译和直译、意译和胡译之间的差别。

3.充分利用教材在精读课上讲解翻译知识

在大学英语精读课教学中，教师应把精读课文的讲解作为渗透翻译教学的重要环节，充分利用课文中出现的典型例句或段落，将其作为翻译技巧讲解的例子，这样既可以加深学生学习精读课文的印象，又可以让学生通过翻译句子或段落，掌握一定的翻译技巧。有了翻译理论的指导，学生的译文才能更规范、更严谨，译文质量才更容易得到提高。在进行英语翻译教学时，适当地将一些翻译理论融入学生的翻译实践中，让学生在理论的指导下进行翻译实践。通过一些例句对学生进行翻译实践的训练和翻译技巧的操练,可以提高他们的翻译意识和翻译能力,产生事半功倍的效果。

4.消除文化之间的差异造成的翻译障碍

在人类长期发展的历史进程中,各个民族都有其特有的风俗习惯和文化传统。在翻译中,要做到最大程度地对等,就要对译文进行恰当的处理。为了更好地把握这个原理,我们需要对不同国家的文化背景和文化差异有一定的认识。美国知名翻译大师奈达曾经说:"要精通两门语言,就得精通两种文化。"在翻译过程中,了解中西方文化的差异,无疑可以让译者跨界而行,并具有针对性和有效性。因此,翻译工作者不仅要具备双语能力,还要具备多种文化的知识,尤其要掌握民族心理意识、文化形成过程、历史习俗、宗教文化和地方特色等一系列相互影响的因素。英汉民族的语言和文化,就是因为上述因素的相互影响,才能呈现出其特有的民族特色。有些时候,即使理解了某个成语的文化内涵,却无法按照上下文灵活地进行翻译,也会出现"失真"的情况。翻译与文化有着密切的关系,而语言又是最主要的文化载体。英汉语言因其不同的文化背景而具有自己的特点,例如地理环境、生活习俗、宗教信仰、历史典故、思维方式等,因此不难从中透视两种语言所承载的不同文化信息,同时领略和欣赏各自不同的语言风格与浓郁的民族特色。所以,要使学生全面、透彻地理解源语与译入语的文化,熟悉英汉文化的主要差别,从而真正实现"忠实、流畅"的翻译标准。

5.翻译教学中培养学生的语言能力

文学和非文学作品的翻译对学生的语言水平有很大的要求。非文学作品以传达信息为主,因而翻译语言要求准确、朴实、逻辑性强;而文学作品在传达信息的同时,也具有情感和审美功能,因此,翻译的语言需要传递多种感情。

文学翻译的目标并不在于培养纯粹的文学译者,因为它具有独特的性质。在非文学翻译的教学中,我们既不能一味地追求翻译的方法与技巧,也不应忽略翻译的技能与能力。本书从以下几个方面对英语翻译进行了分析,提出了一种新的英语学习方法。例如:①在教授一种语言的译文时,教师可以把译入语中的同一类型的范文介绍给学生,或者让他们利用互联网或其他方式建立自己的语料库,让他们感受到名著、范文的遣词、行句、谋篇。教师要定期、不定期地与学生沟通,了解他们的感受和体会。②适当地组织一堂翻译欣赏课,或请学生对几位著名作家的译著进行翻译,再将他们的译作与著名作家的译作进行对比,并从中总结经验。③由学生进行团队翻译,或由教师引导,由同学评阅,同学们互相学习。

④加强对字典的运用。字典可以为学习者在翻译过程中找到忠实于原作或恰当的创作基准，从而避免翻译过于僵化或超常发挥。但是，字典只是一个辅助的工具，不能过于依赖字典而忽视上下文，生搬硬套。

6.注重精讲多练的翻译教学模式

翻译教学应由"满堂灌"转变为"多说"，使学生的学习兴趣得到激发，并注重培养学生的自主思维。在传统的英语教学中，教师讲授过多，而学生的实际操作机会却很小，因此，译文或段落往往出现语篇连贯性差、语法病句多、搭配不当、逻辑模糊等问题。虽然教师的教学动机是好的，但是在客观上，教师们忽略了学生在实践中所表现出来的更多的实际意义。在此基础上，教师应培养学生的应变、创造和译文欣赏能力，从而提升学生的实际翻译水平；只有不断地实践，才能使译文得到更好的运用，从而使译文具有流畅的韵律美。

翻译教学能使学生更好地掌握所学的内容，并能充分地测试和提升英语能力；此外，英汉两种语言的不同之处，也有助于我们更好地了解英语的特殊表现形式，从而使他们能够更好地掌握和应用所学的知识。在英语教学中，把翻译教学与外语教学结合起来，既能提高教学质量，又能培养和训练学生的翻译技能，使学生的综合英语应用能力得到全面提升，从而为国家培养出一批高素质的翻译人才。

第三节　多媒体英语教学与翻译

一、多媒体环境下的英语教学

随着科学技术的不断发展，现代信息和多种通信技术逐渐进入学校和课堂，引起了教育方法的根本变化。在英语教学中，多媒体技术是一种非常有效的教学方法。多媒体英语教学有其独特的优越性，这是毋庸置疑的。但是，多媒体技术的应用也有其自身的缺陷。面对这样的客观现实，高校和教师必须充分了解和掌握多媒体英语的优点和不足，才能使其真正地为英语教学服务。

（一）多媒体的构成

多媒体是一种由文字、声音、视频、图片等多种形式构成的综合表现媒介，它通过电脑来传达信息，使表达更加丰富、多样、直观、实时。具体而言，多媒体的组成要素有文字、图像、动画、视频、音频。

（二）多媒体英语教学的优势

所谓的多媒体，就是利用现代电脑和其他仪器，在大屏幕上播放讲课的内容。多媒体英语教学相对于传统英语教学来说，有其显著的优点。

1. 调动学生的学习兴趣

英语教学中，多媒体教学打破了传统的"黑板＋粉笔"的教学方式，采用声音、图形、图像、视频、动画等多种形式，营造出一种比较现实的交流氛围，既能充分调动学生的学习热情，也能培养学生的口语、阅读、写作等多种语言运用技能，从而加强英语课堂的教学质量。

2. 突出学生的主体地位

一方面，利用多媒体课件可以使课堂教学更加贴近现实，增强互动性，使学生的学习积极性得到最大程度的发挥。通过这种方式，学生真正地成为学习的主体，由被动的学习转变为积极的学习，从而使学生的语言能力得到全面的提升。另一方面，运用多媒体技术扩大了教学的信息量，提高了学生的参与热情，同时也给每个学生创造了更多的实习机会。因此，多媒体英语教学是与"以人为本"的教学理念相一致的。

3. 提供多种学习途径

传统的课堂教学方法往往会造成几十个基础不同、水平不同的学生，在一定的时间里，只能被动地接受相同的课程。而多媒体英语教学真正地突破了校园的界线，克服了时空上的局限，改变了"课堂"的观念，让学生能够更好地理解和掌握所学的知识。通过这种方式，学生可以在全球范围内分享学习材料，提高获取、分析和处理信息的能力。

4. 提高学生的文化修养

在此基础上，运用多媒体技术对培养学生的文化素养也有一定的促进作用。语言作为文化的重要载体，在文化传播中占有举足轻重的地位。而在有目的地进行有效沟通时，文化差异是一个很大的制约因素。因此，要培养学生的交际能力，光靠语言知识是远远不够的，还要使学生的文化素质得到有效的提升。

（三）多媒体英语教学中存在的问题

多媒体英语教学取得的成果是有目共睹的，但是，在多媒体教学中，也有一些不可忽略的缺陷。

1.过分注重外在的表现形式

我们都知道，多媒体的表达方式是丰富多彩的，恰当地运用它可以有效地引起学生的注意，并激发他们的学习兴趣。但是，一味地追求多媒体的表达方式，可能会产生相反的结果。也就是说，如果太多的媒介形式聚集在一个地方，很可能会导致学生的注意力不集中，从而导致英语教学无法达到预期的效果。

2.无法完全取代传统的教学手段

虽然多媒体技术在英语教学中具有许多传统教学手段无法比拟的优越性，但仍无法完全取代传统的教学方式。例如，教师板书是一种非常传统的教学方式，它具有即时的教学效果，教师可以随时调整板书的内容，以适应学生的学习需求。而多媒体课件大多是预先制作好的，没有这种优势，也不利于教师及时地进行教学。

3.削弱教师的主导作用

前面已经提到，在英语教学中，多媒体教学更能充分发挥学生的主体性，与"以人为本"的教学理念相一致。但是，在这种情况下，教师的主导地位也随之下降、减弱。教师在课堂中扮演着无可取代的角色，他们能从与学生的交往中，尤其是与学生进行情感沟通的过程，更好地理解学生的学习需要，从而使课堂充满"人情味"。同时，由于语言是一门非常实用的学科，因此，在教学中，教师可以通过与学生进行大量的语言练习来提高学生的英语口语水平，而教师的这些角色不能由冷冰冰的静态机器来代替。如果只注重多媒体，把它当作课堂教学的主导者，势必会影响到教师的主导性。

从以上的研究结果可以看出，多媒体英语教学是一种新颖、直观的教学方式，深受广大师生的喜爱。实践表明，恰当地应用多媒体技术进行英语教学是切实可行的，既打破了传统的单一化的教学模式，又反映了英语教育的发展方向，为新时代培养复合型英语人才提供了有力的保障。然而，要知道，多媒体终究是一种教学工具，而我们运用多媒体的真实目的，也是为了让教师更好地讲授，所以，绝不能让多媒体代替教师。只有更新教育理念，以多媒体为辅助工具、互补工具，才能真正有效地促进大学英语教学。

二、网络辅助翻译融入翻译教学

具有划时代意义的全球性通讯系统——因特网的迅速发展，使翻译员们从字典、书店、图书馆等查阅资料的传统工作模式发生了变化；网上丰富的信息资源为翻译工作带来了方便。当今世界，译者的工作模式发生了变化，这就给大学的翻译教学带来了新的挑战。翻译是一门以提高学生翻译能力为目的的课程。随着时代的发展和社会的需要，翻译能力的组成有了新的内涵，翻译教学也要进行相应的调整。

（一）翻译能力

关于翻译能力，学术界至今尚无统一的界定。国内外学者认为，翻译是一种语言的转化和交流的能力。贝尔把翻译能力看作译者所要具备的一种知识与技能，具体可划分为中英文能力、专业知识能力、交际能力。姜秋霞等人把翻译能力归纳为语言能力、文化能力、审美能力和转换能力。文军把翻译能力分为语言能力、语篇能力、策略能力和自我评价能力。但是，也有一些学者提出了利用翻译工具进行辅助翻译的方法。赫尔姆斯认为，翻译实践的研究应该包含译者的培训、翻译的辅助和翻译的批判。从翻译的角度来看，译者在执行某些任务时会运用不同的知识与技能，例如关于某一主题的知识、研究技能、认知潜力、问题解决策略等。因此，翻译不仅要通过自身的语言进行交流，还要借助翻译工具来实现。网络技术为翻译带来了很多方便，可以帮助译者开展翻译工作，所以网络技术也是翻译能力中的一项重要内容。

（二）网络辅助翻译能力

随着网络信息技术的不断发展，网络在翻译中起到了重要的辅助作用，因此，译者可以通过网络实现资源共享、搜索查询、信息交流等，并以此来实现对译文的支持，从而大大提高了工作效率和译文的质量。可以说，随着时代的发展、时代的变迁和信息技术的发展，网络信息技术在翻译中的作用越来越重要，翻译的内容和结构也在不断地扩展。网络技术为翻译服务提供了大量的信息资源。网上的百科全书和术语库中储存着海量的知识，当译者在翻译不熟悉的材料时，可以通过检索所需要的资料，对相关的背景知识有一个大概的了解，从而提高译文的质量。然后，这些知识就会转化为译者的知识储备，在今后的翻译实践中，可以扩大和提高译者的理解水平。在翻译中，如果出现了语言上的问题，译者可以通过网络找到合适的词语。此外，网络扩展了翻译的能力，除了增强人们的阅读理解和表达能力之外，还可以通过实际的翻译活动来解决一些特定的问题。

（三）网络辅助翻译与翻译教学

翻译的过程包括理解和表达两个阶段。理解可以分成两部分：一是对文本的理解，二是对题目的理解。在翻译过程中，翻译人员要用精确、标准的语言表达自己的意思。在理解与表达两个方面，网络具有巨大的潜力。

1. 通过互联网来加深对原文的认识

首先，在网络上查找大量的字典资源，可以帮助翻译人员解决困难的句子，有些问题要通过查阅多个字典来解决。在许多情况下，翻译中遇到的问题并非来自难以理解的词语，而在于缺少背景知识。

其次，在检索过程中，还可以利用搜索引擎检索到与原文有关的图像和音频资源，从而提高译者对原文的理解。在网络词典、百科全书和专题资源的帮助下，大部分的翻译问题都能得到很好的解答。但是，有的时候，可能是由于网络上没有相关的资料，或者是由于缺乏正确的查找方式，有些问题不能得到解决。在这样的环境下，可以借助互联网这个沟通平台，通过翻译论坛、电子邮件等方式，向同行寻求帮助，甚至可以咨询作者。

2. 借助网络，精确而恰当地表述

在翻译过程中，为了保证译文的准确、贴切，译者可以借助搜索引擎来查询和验证译文，并借助沟通平台进一步提升译文的质量。

首先，可以使用搜索引擎进行在线检索。特别是在搜索栏中，输入要被翻译的单词或短语，并在译文关键字或与译文有关的词语中进行检索。翻译关键字是指翻译人员在翻译时会用到的词语，而翻译相关词语则是指译入语中没有涉及的词语。

其次，可以通过搜索引擎对译文进行验证。如果译者对某一词句的译文不能肯定，可以利用搜索引擎来查询该译文在网络上的使用情况；或者，如果某一词句有多个译文，也可以用搜索引擎来确认不同的译文在网络上的使用频率。如果一种翻译方式的使用频率高于另一种，那么在一定程度上，这种翻译方式的使用就会更加广泛，并且更容易被目标语的读者所接受。当然，在网络上出现的次数并不能解释所有问题。要判断一篇翻译的正确性，就要从网络资源的权威性和时效性出发。一般而言，官方网站、学术网站或专业网站的内容更可信，语言更规范。此外，在翻译过程中，翻译的时间也是影响翻译质量的重要因素之一。

最后，译者可以利用网络交流平台，向同行、外国友人请教，让翻译更加恰当、准确。

网络翻译在教学中存在局限性。网络资源虽多，但往往质量参差不齐，因此，在实际工作中，盲目地利用网络资源，往往会产生事与愿违的效果。在教学中，如果在没有掌握基本翻译技能的前提下，采用网络技术进行翻译，不仅会导致学生过度依赖网络资源，而且还会导致学生在翻译中不能正确地进行判断，从而导致翻译水平的下降。毕竟，在翻译过程中，网络辅助翻译是一个很好的辅助工具，而最终的结果还是取决于译者的理解水平和语言能力。因此，当前的翻译教学应当把网络翻译与传统的翻译结合起来，以使学生能够更好地适应当今世界的发展。

不可否认，网络翻译可以扩展翻译的功能，提高翻译的效率，使用网络翻译是当代译者必须具备的素质和技能。因此，大学英语教学要把培养高素质的人才作为培养目标，把网络技术引进到翻译教学中；同时，在教学过程中，教师应充分考虑到网络翻译在实际应用中所存在的问题，并制订出相应的教学计划。

三、网络辅助翻译学探索

互联网的信息资源、跨国界的信息内容、多种语言的表达方式、实时的信息更新，显示出了网络媒介的优越性。为了推进翻译教学改革，运用多媒体技术进行翻译教学成为一种新的翻译教学方式。

（一）借助网络丰富教学内容

为了适应新时期的需要，翻译教材内容既要有针对性，又要有实际意义，在编排上要做到形式生动、内容多样、覆盖面大。网络是一个庞大的教学资源，它储存了许多与翻译教学有关的资料。教师利用网络收集有关时代、社会生活的资料，并按类别整理，如经济、外交、科技类等，把各类资料编成网页，再由教师自行搭建网页，把资料整理好，供学生浏览下载，方便学生学习。这种方式可以拓宽学生的研究范围，使他们能够更好地掌握各种翻译的理论与技术，从而更好地适应实际的翻译教学。

（二）采用语料库辅助翻译教学

语料库可以为学生提供大量的自然、真实的语言素材。通过语料库的词汇检索，学生可以了解词汇在不同的上下文中的用法，并将大量的译文与语料库中的译文进行比较，找出其中的问题，并从中获取一些遣词和行句的经验，从而更好地掌握英语的用法。目前，英国国家语料库和美国国家语料库是国外比较好的语料库。除了在网上查询现有的公开语料库之外，教师还可以根据自己的教学计划，将教材、学生优秀的作业等整理成自己的特色语料库，供其他班级、年级的学生查询、学习。

（三）利用网络变换传统教学模式

在多媒体网络课堂上开展课堂教学活动。教师和学生使用各自的电脑进行教学，这是一种新的教学方式。教师为学生分配了翻译任务，让他们在自己的电脑上完成学习任务，同时也可以与教师、同学进行沟通。与传统的翻译教学相比较，这种方法能促进师生之间的沟通，并且能对学生的翻译工作给予及时的指导。同时，同学们还可以合作学习，组建一个合作小组，在组内交流翻译技巧、经验等。

（四）建立多种形式的网络评价体系

在传统的翻译教学中，学生的翻译通常是由教师来评判。通过网络上的同步和异步通信，同学们可以把自己的译文转寄给教师和同学，由教师对自己的翻译结果进行评估，并给予评论。同时，学生还可以根据别人的作品或者翻译的标准答案来测试自己的译文是否正确。同学们也可以把自己的作品上传到网络上，供大家查阅，也可以把课堂上的翻译成果整理成自己的语料库，供自己查阅。多元评估模式克服了传统教师单一评估模式的缺陷，使学生不再忽视其他同学，激发了学生的学习热情和主动性，使学生能够相互监督。

网络为个性化学习提供了很好的环境。在网络环境中，根据学生的不同的学习方式、不同的知识基础，制定相应的教学目标、教学内容、教学策略、教学评价等，才能真正做到因材施教、个性化的自主学习。在电脑的帮助下，教师有更多的时间来判断学习者的需求，并对其进行个性化的辅导与教学，以促进和激励学生学习。翻译教学充分利用互联网的优势，对未来的翻译教学和外语教育都具有十分重要的意义。

在利用互联网进行翻译教学时，教师的角色转变是提高翻译教学质量的关键。另外，在网络教学中，教师要不断提升自己的素质，熟练运用各种网络技术。

第四节　跨文化意识与翻译

语言作为一种文化的载体，承载着某种文化内涵，如果你不理解它所蕴含的社会文化，就不可能真正地理解它。因此，翻译不仅要在语言层面上进行转换，而且要具备很强的跨文化意识。本书从宏观、微观两个层面探讨了不同文化间的差异以及如何培养跨文化意识。

英国语言学家莱昂斯指出，某一社会的语言是社会文化的一部分，不同的语言在词汇上的不同，就会反映出该语言所处社会的事物、风俗以及各种活动的文化特性。因此，翻译教学既是对语言知识的传授，也是对文化知识的传授。在翻译教学过程中，教师要注重培养学生对产生中西文化差异的深刻根源的了解，从宏观和微观层面上培养学生的跨文化意识，从而使他们在与语言打交道时能够主动地从不同的文化视角来进行语言现象的分析。美国知名翻译学家奈达认为，语言对文化的影响和文化对词义和习语的意义的影响是非常普遍的，因此，如果没有对语言和文化背景进行认真思考，就很难对其进行适当的解读。

文化的不同与语言文字的不同会阻碍人们的沟通。在翻译过程中，翻译人员要克服各种文化差异所带来的障碍，确保信息的传递。如果译者缺少跨文化意识，很有可能会因为只注重文字的翻译而忽视其背后的文化问题，从而产生错误的翻译。因为不同国家的文化背景不同，学生在不知不觉中就会把自己的母语文化模式运用到自己所学习的目标语言中，进而产生文化负迁移。

一、循序渐进地培养学生的跨文化意识

如果把语言和文化比作一座冰山，可以看出，语言仅仅是冰山的一小块，而文化则是潜藏在海底的庞大的一部分。因此，理解不同文化在翻译中具有重要性和必要性。

（一）宏观了解价值观、思维方式的差异

1. 价值观

价值观是影响人们信仰、态度和行为的最深层次的因素。文化的中心是传统价值观。从世界观来看，西方人更容易看出世界的差异性、矛盾性；中国人更能看出世界的整体性和统一性。从历史角度来看，西方人关注事物的发展，关注其变化的一面；中国人更注重对事物的前后继承，看到其稳定的一面。中西两种价值观念构成了不同的交流方式和言语行为方式。如果不了解价值观的差别，就无法真正了解不同国家之间的文化差异。在这种认识的基础上，学生不但可以"知其然"，还可以"知其故"。

2. 思维方式

人类对于同样的东西，有着很多共同的认识，这是人类共同的特征。同时，人的思想又有自己的性格，也就是民族性。东方民族的思想具有整体、辩证、具象、主观等特点，而西方人的思想则表现为具体、分析、抽象和客观。例如，中国人的思想有大到小的特征，按年、按月、按日期、按地址、按省、按城市、按

街道、按房间排列，这是中国人的总体思想，从整体到局部；而英语则正好相反，西方人的思维是从小到大归纳的。

（二）将具体文化差异知识融入翻译教学中

在教学中，教师要注重挖掘文化的内涵，引导学生熟悉和理解外国文化，如地理环境、社会生活、宗教信仰、历史典故，让学生了解文化差异的成因。

1.地理环境与社会生活

由于地域、物质环境和人生体验的差异，不同的民族都有自己的特色。比如，汉语中"东风"是温暖舒适的意思，而"西风"深受英国人喜欢，因为它能给人们带来温暖和雨露，诗人雪莱也写下了著名的《西风颂》。

各种语言都有一系列由本民族社会生活所形成的表达方式。如汉语中没有表达 cowboy 和 hippie 的意思的对应词，因为这两个词是美国社会特有的产物。中国人很难猜测美国的 revival meeting 是什么样的活动，对 bingo party 和 bingo game 往往一无所知。多数英美人从来没睡过中国的"炕"，没用过中国的"秤"，不懂得汉语中"节气"。中西方在称谓系统上也存在着明显的差异。中国人爱用尊称，如"二哥""大伯""林局长""黄校长"等。讲英语的人则常常用名字称呼别人，甚至孩子对父母、学生对教师也可以这样称呼，无不尊之意。

因为地域、社会生活的不同，往往会出现一种语言中没有与另一种语言相对应的词汇，这就是文化空缺。或者，虽然有相应的词语，但是由于其文化内涵与文化联想的差异，在翻译过程中产生了文化上的隔阂。如何打破这种文化壁垒，就成为翻译教学的重点。

2.历史典故

在汉语和英语中都有大量的口头流传和文字记载下来的典故，反映了这两种语言中丰富的文化遗产。运用典故可润饰语言，使之丰富多彩、生动清晰。典故涉及的人物和事件多来自文学宝库及传说和神话，经过长期时间的沉淀，已经升华为特定语境下的文化精髓，如"她是林黛玉式的人物""原来是空城计"这样的句子，又如 Pandora's box（潘多拉之盒——灾难、麻烦、祸害的根源），Achilles's heel（唯一致命的弱点）等。若不了解其中的人物和事件就难以理解其含义，更无法通过翻译传达给异国读者。

在翻译策略的选择上是采用归化还是异化，还要考虑翻译的目的。有的适合采用外来文化意向，配以注释，以丰富读者的文化概念和文化认知；有的则适合采用目的语的文化意向，以求达到沟通交流的目的。

（三）深化跨文化意识的培养

译者既要善于翻译，又要善于理解多种语言的文化，又要懂得在不同的语境中处理文化差异、文化障碍。这种文化差异应该在日常教学中逐步传授或引导，通过日积月累来实现文化积累，尽可能地消除学生对文化的陌生感，消除由于对文化的不理解而造成的误会和错误翻译。

要把翻译理论、技巧和方法放在同等地位，强化翻译教学中的文化导入。在翻译教学中，在英汉语的对比知识的学习中，要注意引进文化的观念和思维方法，加强英汉两种文化的比较。教师引导学生通过对不同文化背景下的认识，根据不同的翻译目标，采取相应的翻译策略。此外，教师可以采取不同的方式来提高学生的跨文化意识，例如，阅读外国文学作品，介绍目的语文化；通过观看国外影片和视频，了解世界各地的风俗习惯；组织文化观念的研讨和讲座，进行文化习俗的对比；与外国友人交往，了解不同的文化背景，拓宽视野，培养跨文化意识。

翻译是为了克服文化障碍，推动文化交流。译者在翻译过程中，不仅要从译文的视角来理解原文，而且在翻译过程中也应适当处理对原文文化的推广和对原文的直接翻译。因此，在翻译教学过程中，应注重从各个方面进行教学，特别是目的语与母语文化的区别，以提高学生对文化差异的认识，并引导他们按照翻译的目标来解决文化差异。

在扩展一个国家的文化、增进各民族间的相互了解中，翻译发挥了很大的作用。奈达说，一个真正成功的译者，不仅要懂得两种语言，还要了解两种文化，因为词汇只能在其所处的文化环境中发挥作用。因此，在翻译教学中，应加强学生的跨文化意识，不仅要使他们提高语言的精确度，而且要把语言符号的深层内涵告诉他们，使他们认识到文化和语言之间的联系，并使他们更好地了解不同文化之间的联系。

二、英语翻译教学中跨文化意识培养的对策

由于文化和语言的深层联系，英语教学应重视西方文化，因此，本书从教材和教法两个层面探讨了英语翻译教学中跨文化意识的培养，从而使学生的跨文化交际能力得到进一步的提升。

语言体现文化，文化制约语言，语言的学习离不开对文化内涵的掌握。翻译作为英语学习过程中一个基本环节，自然需要译者对西方文化进行深层次了解。

因此，高校翻译教学不仅要讲授翻译技巧和理论，还要涉及相关文化背景知识，注重跨文化意识的培养，以防止学生英语学习以汉语文化为基础，陷入纯语码转换的误区，造成对英语的无意识误读。如有些学生将公共休息室翻译为"rest room"，将白象翻译为"White Elephant"，将请勿吸烟翻译为"Smoking is not allowed."等，都是对英语文化的理解缺失而导致英语翻译的意蕴畸变。

虽说近几年，诸多高校加强了对翻译教学中跨文化意识培养的关注，但在教学实践中尚未形成系统性的体系。伴随着全球文化交流的加剧以及中西方文化碰撞的长期存在，教师有必要在翻译教学过程中总结归纳出跨文化意识培养的途径，以促进学生整体翻译技能水平的提高。

（一）丰富教材

文化系统是语言产生与发展的基础，因此，在翻译教学中，跨文化的培养应从系统的角度来进行，而要达到系统的目的，就必须在选择合适的教材时，注意是否突出文化视点，重视文化习得。在翻译教学中，教师不要局限于教材本身，要根据自己的语言知识，适当地增加与其有关的文化背景知识。此外，随着时代的发展、语言的发展，文化不断更新，英语的翻译材料难免会有滞后现象。因此，英语教师应在翻译教学过程中注入新的文化活力，如能反映时代和文化背景的广泛性、趣味性强的热点新闻，拓宽学生的文化视野、丰富学生的文化知识、培养学生的跨文化意识、帮助学生建立知识联系、优化英语知识体系。尤其是在互联网日益普及的今天，教师们可以利用互联网为学生提供更多、更广泛的西方文化知识，拓宽他们的文化输入途径，丰富他们的文化学习材料，从而提高他们的学习效率。

（二）改善教法

文化和语言的深刻联系和文化自身的综合特性，决定了在翻译教学中应采取多种方式进行跨文化意识的培养。从传统的文化知识传授到立体的教学方式，即在教室里运用文化主题、文化差异比较进行教学，在教室之外运用文化自主性学习，并根据英语课程的要求，运用网络技术进行信息技术教育，加强和深化跨文化意识的培养。

1. 文化专题讲授法

文化主题教学是针对学生在翻译中普遍存在的文化失真现象，进行英美专业知识教学，这种教学方式具有时间集中、信息量大的特点，能够使学生正确地了解西方文化，增强英语知识。文化主题教学的基础是英语的学习，其内容必然与英语相关，包含了大量的俗语、俚语和汉语的联系方式等。

英语习语可以说是英语语言和文化的精华，习语的正确理解和使用是反映译者英语翻译水平的一个重要标志。作为英语语言中的重要修辞手法，英语习语具有结构严谨、言简意赅、寓意深刻等特点，并表现出浓厚的西方民族色彩，蕴含了丰富的文化知识，因此，习语文化知识的学习是文化专题讲授中的重要内容，也是翻译教学过程中跨文化意识培养的重要途径。例如，Nixon's Odyssey to China 意为尼克松访华，其中的 Odyssey 一词为荷马的一部英雄史诗，描写了 Odyssey 自特洛伊城陷落后的一段艰辛历程。源于此故事，Odyssey 具有漫长历程之意。将 Odyssey 用于尼克松访华，喻指中美关系正常化经历了一段漫长过程，可谓意味深长。如果不了解 Odyssey 所蕴含的深刻文化历史意义，就难以理解 Nixon's Odyssey to China 的真正含义。

另外，英语和汉语一样，也有许多动物、植物、颜色之类的比喻性名词，这类词语包含着丰富的文化背景知识，带有明显的感情色彩，且与汉语所表达的意义有所区别。例如，英语中，owl（猫头鹰）是一种聪明、机智的鸟，含有"精明、智慧"等文化意义，象征着博学和机智，as wise as an owl 这句英语习语就表达了智慧之意，若不了解 owl 的文化意义就很容易曲解原意。但在汉语文化中猫头鹰不存在英语文化中的这种喻义，且多被认为是不祥之物。除动物词汇之外，还有一些带有情感和联想意义的色彩词。例如，blue 在英语中常与"忧伤"联系在一起，英语中的 to be blue 就是 to be sad 的意思，而在汉语中"蓝色"使人想到的是海洋和天空，有宽阔和宁静之意。

因此，在教学中，教师要不断地发现、归纳和总结学生所遇到的关于文化知识的语义误解问题，并进行专题讲座，为学生解惑。

2. 文化差异比较法

从上文列举的 owl 和 blue 这两个例子可以看出，在翻译过程中，大部分歧义的产生都是英语文化和汉语文化的差异造成的，因此，在翻译教学中教师可以通过中英文化的比较来培养学生的跨文化意识。文化差异比较是跨文化语言交际教学中的重要手段之一，通过英语文化与汉语文化的比较，可以让学生了解两种文化的差异，不知不觉地接受文化教育，从而增强跨文化交际敏感性，并将跨文化能力与英语语言运用结合起来，以便学生翻译出言简意赅的语句。例如，"狗"与 dog，"狗"在汉语文化中多为贬义，然而 dog 在英语文化中多为褒义，因此英美人常以 dog 来自称或互称，不含卑劣之意，故英语中有"Every dog has his day."（人人皆有得意日）这类赞美性的语句。如果按字面意思直译，就会曲解原意。因此，在翻译教学过程中，对于这种汉语和英语文化差异较大的现象，要通过比较法让学生理解其中真正的含义。

另外，还要注重深层文化差异的比较，因为深层文化所反映的语言现象是非常广泛的，对某一方面深层文化的差异性比较可以有效杜绝翻译过程中诸多的文化曲解现象。

3. 文化自主学习法

文化的广泛性决定翻译教学过程中跨文化意识的培养是一个持续性的过程，因此，仅靠教师课堂的讲授是远远不够的，还需学生进行自主学习。教师需要以学习资料提供者的身份，根据学生翻译过程中所遇到的英语文化曲解问题，收集和整理具备实时性又不失实用性的视频、音频、文本等英语文化学习资源，然后通过网上论坛等方式提供给学生，并建立讨论群组与学生及时沟通讨论，深化学生对英语文化知识的认识，间接培养学生的跨文化意识。

在翻译教学中，跨文化意识的培养是一个具有系统性和长期性的过程，因此，在整个教学过程中，教师都要对其进行全面的认识，并对其进行评价，以此来激发学生对英语的兴趣，促进其对翻译的理解。

第五节　新时代背景下本科英语翻译人才的培养

目前我国高校的英语翻译人才的培养还存在着一些问题，只有通过不断地深化教学改革，不断提高教学水平，才能为国家输送更多高素质的英语翻译人才。

一、本科英语翻译人才培养中存在的问题

高校是为企业和社会输送专门人才的场所，英语在高校教育中的地位日益受到重视，并在此基础上开设了英语专业。英语翻译人才的培养是一个漫长而又复杂的过程，特别是在"丝绸之路经济带"之后，对英语人才的需求越来越大。但是，在实践中，英语翻译的发展还面临着许多问题。

（一）教师的教学方式缺乏创新

英语翻译是目前高校教育中最受欢迎的专业之一，近年来，一些院校招生人数逐年增多，有的还开设了英语翻译专业。然而，有些教师的教育观念并未发生

根本性的改变，在教学中依然沿用传统的教学方法。这样的"灌输"式的教学方法既不能提高学生的英语翻译水平，又不能适应社会发展的需要，也不利于学生的就业和工作。随着我国教育体制的不断完善，一些教师也在不断地进行着教学方法的创新和转变，但这是一个漫长的过程，不可能在短期内完成。

（二）教材内容比较落后

在英语翻译实践中，教师们的教学任务主要靠英语课本来完成，而这又是教师们进行教学活动的一个重要媒介。因此，教科书不仅关系到教师的教学质量，还关系到学生的学业。然而，由于某些高校英语翻译教材的使用时间较长，缺乏创新、实用性，致使教学内容相对滞后。

（三）缺乏教师队伍建设

教师对学生的英语学习能力有很大的影响，一些学生的自主能力较弱，如果缺乏教师的指导，他们的学习积极性就会下降，这会对他们的教学活动产生不利的影响。从目前的教学现状来看，英语翻译教育的师资力量较为薄弱，缺少具有丰富的专业知识的教师。一些翻译任课教师的教学任务很重，在这种压力下，教师们往往只顾着讲授，忽视了教学质量，缺乏提高自己的精神，因而很难对教学进行认真的研究。教师是组织和指导学生的英语技能提高的关键，只有提高了教师的专业水平，才能使学生的英语技能得到提高。

（四）缺少实践机会

课堂教学主要是训练学生的理论知识，只有通过实践活动，才能提高他们的实际运用能力。所以，在学校里也要给学生提供实习的机会，使他们能够充分地锻炼自己，使他们在工作中不怯场，能够灵活地处理各种情况。目前，我国高校在培养基地方面的基础上，缺乏对学员进行培训的机会。虽然一些学校的教学条件有所改善，但缺少必要的训练器材，很难进行真实的模拟，而且学生的学习成绩也不会很好。

二、大学英语翻译教学策略

在高校翻译教学中，英语翻译的效果不仅会影响到学生的实际运用，而且还会对其将来的就业造成很大的影响，所以在我国目前的经济形势下，要使学生具备一定的翻译能力，就必须培养学生对翻译的兴趣，为学生提供更多的实践机会，让学生可以在多元化教学方法所支持的课堂下，通过实践来提高翻译技能。

（一）课堂教学为主，翻译讲座为辅

兴趣是影响英语翻译能力的最主要的因素，只有对英语感兴趣的人，他们才会全身心地投入学习和记忆中去，所以，英语教师要充分利用课堂和课后时间，把英语的知识系统地展现给学生，让他们能够掌握基本的词汇与用法；同时，在课后，教师还要向学生们讲解英语的形成背景、发展历程、西方文化等方面的知识，让学生对英语的学习产生浓厚的兴趣，并在课堂上充分发挥英语的作用。

例如，高校英语教师利用课堂时间在为学生讲解部分俗语知识后，就可以采取讲座的形式来为学生讲解文化对语言的影响，通过举例的形式来让学生意识到文化对于词汇产生了比较大的影响，让学生在后期进行词汇记忆时，可以基于文化特点来进行更为细致的分析，以提高学生运用词汇的准确性。由此可见，教师不仅需要为学生讲解基础词汇，还需要以讲座的方式来为学生呈现文化差异，教师为学生讲解不同文化特点，既让学生对英语知识产生更为浓厚的兴趣，同时也让学生在后期翻译过程中，更准确地运用词汇来进行表达，提高学生翻译的准确度。

（二）注重语法讲解，加强语言结构对比

在英语翻译教学中，语法是必不可少的，只有把英语的基本的语法和高级的语法结合起来，学生才能在汉译英时把汉语转化成更高层次的英语句型。因此，本科英语教学要重视教学过程中的具体内容，同时要让学生比较英、汉两种语言的结构，以便在比较之后，学生能够更好地了解自己在翻译时要注意的地方。同时，使学员在学习英语和汉语基本语法和高级文法后，能正确地完成句子的翻译。

比如，教师在给学生解释完定语从句之后，要让学生对汉语的一般结构进行分析，然后用一组例句的形式，让学生注意到汉语中定语往往是放在被修饰的句子之前的。同时，还要为学生提供英语中的定语从句，并对定语从句的摆放位置和常用定语的位置进行分析。这样，学生就能意识到自己的日常表达方式和英语的表达方式有很大的区别。

（三）划分教学内容，灵活选择教学方法

我们要意识到英语并非我们的母语，因此，在这种情况下，学生要主动地创造英语交际的环境，就必须使他们成为课堂上的主要成员。因此，为了提高学生的英语阅读水平，教师要合理地选择教材，把教材的内容详细地写出来，使学生

由被动学习变为主动学习。在教学过程中，除了要指导学生自主学习之外，教师还要根据教学内容进行合理安排，运用多媒体教学、小组讨论、自主探究、翻转课堂等教学手段，使英语专业的学生在课堂上更加突出地掌握实用知识，对课文进行全面的了解，从而提高课堂教学的质量。

例如，本科英语教师在开展词汇教学时，除了可以通过引导学生分析文章，让学生在特定的语境中记住单词外，也可以通过为学生讲解词根词缀的方式，来让学生可以实现单词的扩充，在提高学生词汇记忆速度与词汇记忆能力的基础上，促使学生在翻译过程中可以更为准确地应用单词。如，为学生讲解"-less""-ful"等多为形容词后缀，"-ion""-ment"则多为名词后缀，加深学生记单词过程中对单词词性的记忆与分析。除此以外，由于翻译知识本身就具有枯燥的特点，因此在为学生讲解理论化知识时，本科英语教师也可以积极采用互动式以及小组讨论式的教学方法来开展教学工作，如给学生讲解"省略法"时，就可以提出问题让学生进行探究，通过提出"什么情况下可以省？""我们日常口语交流中都省略了什么？"等问题，使得学生可以在探究的过程中分析相关翻译内容。

在进行句子翻译讲解中，教师则可以采用对比教学法的方式进行，如在"There was no snow, the leaves were gone from the trees, the grass was dead."一句话翻译过程中，可以先将句子翻译成"树叶从树上落下来，草也枯死了"，而后再翻译成"天未下雪，但叶落草枯"，通过对比的方式来掌握省略法的使用技巧，促使学生可以在多元化教学方法的指导下更好地掌握英语语法知识。

（四）开展翻译活动，增加学生实践机会

一方面，在进行翻译之前，本科英语教师要充分认识到学生的英语翻译能力，如果所设置的翻译活动难度太大，就会打击他们的学习热情和自信心，而翻译活动的难度太小，就会影响到学生英语翻译能力的提高。另一方面，为使更多的学生参与到翻译实践活动中来，英语教师还可以在学校张贴通知，以吸引更多的学生参加，从而促进翻译实践活动的开展。

（五）丰富测试形式，及时进行查漏补缺

现阶段，高校在开展翻译测试时，所采用的方式相对单一，大部分是通过对段落以及单个句子的翻译来判断学生的翻译水平与能力，而这种翻译方式无法全面考核出学生的翻译水平。为此高校英语教师在翻译教学后，就需要通过丰富测试形式的方式来了解学生的水平，此时不仅需要注重学生对书面语言的翻译，同时也需要注重学生在课堂中参与实践活动以及课后实践活动中的表现，在全面分

析学生课上课下的翻译情况后，使得后期的查漏补缺更具有针对性。

例如，教师在为学生讲解长句的翻译方法后，为了解到学生是否真正掌握如何将长句英语译成汉语，英语教师就可以采用以下测试形式：首先，可以为学生提供几个英语长句练习，让学生以笔译的形式来进行翻译，此时学生可以在练习过程中回顾自己课上所学的内容，进而自行查漏补缺。其次，教师也可以采用二人对话的方式将班级学生分成两两一组，让其中一个人读出长句来测试另一个人如何进行翻译，通过这种方式既提高了学生的口语表达能力、听力能力，同时也提高了学生的反应能力，促使学生的翻译综合水平得到提升。最后，教师也可以利用好校内外资源，借助外教以及外国友人的力量来对学生进行测试，为学生营造更真实的翻译环境，保证测试的真实度与质量。

总而言之，作为一种语言向另外一种语言转化的课程，翻译不仅仅需要学生掌握两种语言的词汇，同时也需要在做好词汇积累的基础上，通过大量阅读与反复实践，掌握翻译技巧以及在翻译过程中会使用到的句子结构、句式等。为此英语翻译教师必须认识到翻译教学并非一蹴而就，需要由浅入深、由易到难地来吸引学生的兴趣，培养学生的翻译能力。

三、新时代背景下高等院校培养英语翻译人才的策略

"丝绸之路经济带"与当前的国际形势相适应，在一定程度上有助于推动全球经济的发展。"丝绸之路经济带"在发展经济的同时，也促进了文化的交流，使世界各国的文化逐步走向多样化，同时也促进了教育资源的开发。发展"丝绸之路经济带"具有重要的现实意义，需要社会各界的大力支持，特别是高校要为企业和社会输送英语专业人才，寻求更大的发展空间。

（一）深化教育改革，完善教育体系

在教育改革的大背景下，教师要转变教学观念，创新教学方式，培养高素质人才，为社会做出应有的贡献。此外，在"丝绸之路经济带"建设中，英语翻译人员的作用日益突出。在教学中，教师应该从以下几个方面来加强对学生的实际操作能力的培养：

首先，要创造一个逼真的教学环境，使学生有一种身临其境的感觉。传统的英语教学方法不仅不利于英语知识的培养，而且还不能很好地提高学生的口语水平，而情境教学则能使学生在轻松的环境中获得真正的工作经验。例如，教师可以让学生在实际的翻译情境中，用角色扮演的方式来进行会话，并在反复的交流

中培养学生的英语翻译和英语口头表达能力。

其次，以讲故事的方式来提高学生的英语翻译水平。英语教学要从学生的兴趣出发，使他们能够独立地学习英语。例如，教师可以让学生回忆自己的人生经验，用英语来向同学们讲述，同时也可以帮助他们弥补自己的缺点，使自己的翻译更加有效。

最后，在教学过程中，教师还可以为学生创造出适合于特殊情境的英语学习方法。此时，教师可以让同学们在整个过程中运用英语进行沟通，改变学生的不良口语习惯，培养他们的英语思维方式。有的学生会下意识地把中文翻译出来，然后用英语交流，既浪费时间又影响翻译的效率，而且很难提高翻译质量。

（二）丰富教学资源，补充教学内容

随着时代的发展，英语翻译人才的素质也越来越高，特别是在"丝绸之路经济带"的大环境下，越来越需要学生具备多种专业知识，以适应各种行业的需要。当前，本科英语翻译课程应从英语教学的角度，改变教学的重心，注重运用英语的能力，使学生获得更大的发展空间。在当前的就业形势日益严峻的今天，大学生的综合素质是最重要的影响因素，只有让大学生得到更多、更先进的英语知识，才能真正增强他们的竞争优势。因此，教师要能够突破英语课本的限制，为学生提供更多的学习材料。此外，在"丝绸之路经济带"的大背景下，学生还需要掌握更多的英语知识，以便为翻译工作做好充分的准备，以防止出现翻译失误。随着网络技术在英语教学中的应用日益广泛，其优越性也日益显现出来。网络上的教学资源非常丰富，包含了各个领域的英语知识，是最佳的教学辅助工具。

（三）通过多种方式，提高教学水平

教师对英语翻译教学的影响最为深刻，因此，教师要把握这一契机，不断提升自己的教学水平，为英语翻译教学打下坚实的基础。在进行英语翻译教学时，教师不仅要有扎实的英语基础，而且要熟悉当地的语言环境，使教学活动能够顺利进行。因此，可以组建一支专业的训练队伍，由一位具有丰富教学经验的教师担任领队，由一位教师带领多位教师，使全体教师的专业技能得到提升。同时，还可以通过举办培训活动来提升教师的专业素质，为学生提供更好的学习环境；或与其他高校加强合作，以取得更好的效果。

（四）改善教学条件，增加实践机会

实习可以锻炼学生的英语口语，增强英语翻译技能，使学生获得公司的认同

和业界的认同，更好地履行自己的职责。高校应充分利用自身的优势，为学生创造良好的学习环境和实习机会。学校可以为学生提供一个网上沟通的平台，使他们能够更好地从事翻译工作，同时也能为别人提供帮助。同时，学校和企业之间的合作也是一次很好的实践机会。随着"丝绸之路经济带"建设的深入，企业纷纷进行海外经营，对翻译人员的需求量日益增大。因此，学校应把握这个发展契机，设立翻译实习基地，扩大企业的选择，同时也为学员提供实习机会。此外，教师还可以组织翻译活动，开展翻译竞赛，增强学生的参与意识，使每个人都能主动参与到翻译中来。同时，也能丰富学生的课外活动，使他们的学习生活变得更有趣、更有生气。

第六章　ESP 理论下大学英语翻译教学

第一节　ESP 与大学英语翻译教学概述

ESP（特殊用途英语）是当前英语教学的最新发展趋势，其先进的教学思想对英语教学的方方面面都有很大的影响。当今世界经济全球化、国际交往空前活跃，对具备英语知识和专业技能的复合型翻译人才的需求日益增加，给我国英语教学带来了严峻的挑战。

一、大学 ESP 翻译教学的必要性

（一）社会发展的需要

当今世界经济日益融合，国际交往日益频繁，对专业技能人才的需求日益减少，而对综合英语人才的需求量却越来越大。因此，高校英语教学应着重于提高学生的综合能力，使其具备一定的专业知识，并具备相应的英语技能，使其在今后的职业生涯中进一步深造，并能更好地适应社会的需要。而 ESP 正好是一种结合了专业知识与英语知识的全新教育思想，能适应学生的各种需要，有利于学生的学习与职业发展。特别是 ESP 翻译教学，它能为社会培养出更多优秀的翻译人才，为社会的发展和经济的繁荣做出贡献。

（二）大学教育特点的需要

ESP 教学有下列特征：

①教学内容符合学生的需要。

②本科目的教学内容与专业相关。

③教学的重点是在这些特定学科、职业中经常出现的词语和篇章，使学生能够熟练地运用本领域的语言。

④与通用英语（EGP）形成了强烈的对比。

根据以上四大特征，我们可以看到，英语专业教育与学生的需要以及他们将来要从事的工作息息相关。这正是高校为社会提供有用的人才的起点。

（三）大学英语翻译教学发展的需要

随着时间的推移，高校英语教学中出现了一些问题，要求对英语教学进行改革。在一些大学和教育界的努力下，人们找到了一条"工作与学习"相结合的新途径，也就是学校要了解学生的知识水平、技能水平，并制定出适合学生的职业发展方向。

就英语翻译教学而言，它的目标是为不同的职业提供适合的翻译人员。比如，将来要到外国企业工作的学生，必须具有一定的国际贸易知识和翻译技能。从这一点可以看出，英语翻译教学是针对特定行业和专业领域中的翻译人才的培养而开展的。在实际教学中，教师会将翻译技能的教学与专业知识结合起来，让学生将翻译技能融入自己的学习之中，从而提升自己的专业素养。

（四）学生自身发展的需要

据调查，许多大学生毕业后仅依靠普通英语来应对工作中的种种困难，而且还面临着专业领域的翻译难题。这就导致了许多学生觉得自己在课堂上所学的知识无法适应工作的需要，从而对英语学习失去了兴趣，导致了英语教学质量的下降。但是，ESP翻译教学更注重学生的实际需要，结合专业知识和翻译技巧，使其更具实用性。

二、ESP理论对大学英语翻译教学的启示

ESP作为一种先进的教育思想，其发展速度非常快。近几年，许多高校都在开设商务英语、法律英语、旅游英语、科技英语等特殊用途英语专业。

当今社会对翻译人才的需求日益增加。随着社会、科技、精神文明的发展，社会对翻译的需求已经超越了传统的文学翻译。在当前的形势下，应更加重视培养高层次的实践性翻译人才，以适应当前翻译市场的需要。翻译人才的培养目的在于使译者具备更高的素质，并通过培训获得相应的翻译技能。要想让教学与科研脱离课堂，必须把翻译人员培养与社会、经济的需要相结合，这也是教育改革的必然方向。目前，许多学者已经将目光投向了实际翻译教学，并强调翻译教学要适应市场的需要。

ESP是一个途径，而非一个结果。它为探讨课堂教学效率提供了一种有效的

新途径。需求分析是一种对学生自身和社会现实需求的分析方法，在实践中有很大的实用价值。

第二节 ESP 理论下大学英语翻译教学策略

一、突破课程内容

高校翻译专业在课程设置、课程内容等方面都存在着一些问题。在英语方面，有不少人考了英语四、六级、专四、专八，可是他们翻译不出一般的公司文件，当涉及外贸、政治、经济、军事等方面的翻译时，就会感到不知所措。这主要是因为学校的课程设置和教学内容的限制。因此，在实际教学中要采取一些行之有效的措施，才能确保教学的质量，并提高学生的实际翻译水平。

为了确保教学效果，每周有限的翻译课应视实际情况而定。在课堂上进行翻译，既要确保译文的数量，又要保证译文的质量。就像中国古语所说："皮之不存，毛将焉附？"这句话的意思是，没有根基的东西都会消失。因此，在翻译教学中应加大翻译课的时间，以便在充分的时间内培养学生的翻译习惯，使他们在能更好地胜任今后的工作。

要适应市场的需要，就要改进英语教学中的翻译课程。要巩固学生的英语基本功，提高翻译技能，就必须对翻译课程进行系统的设计。所有的课程都要按照教学计划和学生的生活习惯来安排，包括翻译历史、基本书面翻译、视译、基本翻译理论、实用文体翻译等。所有这些课程的目的都不在于仅仅使学生掌握基本的翻译知识，更在于为将来的学习奠定良好的基础。

翻译技能在翻译教学中具有举足轻重的作用，如直译、意译、增译、省译等。但是，在学习的过程中，学生不仅要掌握一定的翻译技能，还要对翻译理论有一定的了解。当今世界经济飞速发展，对大学翻译人才的要求日益严格、多样化。因此，要使大学生具备必要的翻译技能，必须在教学内容上进行突破。具体来说，可以采取如下措施：

（一）加强基础语言知识，保证翻译学习的效果

由于学生们的翻译作业中存在着大量的语法错误，教师们花费了大量的时间来批改学生的作业，这就导致了翻译课变成了一门语言强化课。因此，在进行翻

译教学前，必须先把学生的语言基本功打牢。有学者认为，在小学一至四年级阶段，应该重点培养学生的基本语言技能，提高他们的听力、口语、阅读和写作水平。这门基础课程可以增强学生的英语基本功，并为以后的阅读和学习奠定坚实的基础。

（二）基于社会和市场的需求，增添翻译实践内容

在国际交往日趋频繁的今天，社会对具有高水平翻译能力的人才的需求日趋迫切。因此，高校应加强对学生的翻译技能的培养，把实用的翻译人员向社会输出。从需求的角度来看，翻译专业的发展需要多种多样，因此，翻译教学的内容也应更加多元化。在翻译教学中要拓宽教学内容，不仅要涵盖文学，还要涵盖政治、经济、科技、教育、军事等各个领域，以拓宽学生的眼界，培养他们在各种情况下的实际翻译能力，从而使他们能更好地适应社会需要，更好地适应未来的工作。

二、选用恰当的教学方法

为了提高学生的实际翻译能力，必须采取"事半功倍"的教学法，并在实际教学中对学生进行翻译技能的培训。下面将介绍一些具有代表性的翻译教学方法。

（一）任务型教学法

1.任务的定义

要了解任务型教学法，首先要分析"任务"这个概念，"任务"一般是指在教学过程中，学生必须要做的、与自己的学习紧密相连的具体活动。纽南对"任务"的定义是一种课堂作业，需要学生理解、处理、生成和与目标语的互动。在这个过程中，学生的注意力更多地放在了语言的含义上，而忽略了语言的形式。理查兹和其他学者指出："任务"是为了实现特定的学习目的而设计的。关于"任务"，学术界有不同的界定，也有不同的重点。斯凯恩对"任务"的描述更为客观和全面。具体而言，可以分成如下几方面：

①最重要的是含义。

②有一个需要处理的交流问题。

③与现实生活中的相似行为有关。

④首先要考虑的是如何完成自己的工作。

⑤根据该任务的成果对该任务的实施进行评价。

从斯凯恩的"任务"定义中可以看出，重复、模仿等活动并不在任务范围之内。

2.任务型教学法的本质

任务型教学法是以任务为基础的教学方法。任务型教学是从 20 世纪 80 年代开始发展起来的，它在有关内容的研究中逐渐被人们所接受，并被广泛地应用于英语教学。美国教育家杜威的实用主义思想为其提供了理论依据。任务型教学法强调以组织和完成为目标的教学，通过参与、体验、互动、合作、交流等多种学习方法，充分尊重学习者的自主意识，激发他们的主动性，在实践中感知、认识、应用目的语。

在教学实践中，任务型教学法的核心内容包括以下几个方面：

①目标是任务型教学的第一要素，只有明确了目标，才能更好地确定教学内容，并进行后续的教学活动。

②资料的录入。输入资料是指在完成任务时所依赖的辅助资料。输入资料种类繁多，有文字资料，如新闻报道、说明书、天气预报等；还有一些非文字的，比如照片、漫画、表格等。这些不同的资料可以提高作业的可操作性，并将作业与教学有机地联系起来。

③内容是任务的核心，必须要有足够的内容，才能完成任务。在课堂上，教师要根据教学内容的不同，开展相应的教学活动。

④场景。场景是指创造并实施某项工作的情境。在教学过程中，为了提高学生对任务的认识，所涉情境应该尽可能地贴近学生的生活。

3.任务型教学法的程序

任务型教学方法的实施过程分为前、中、后三个阶段。

（1）任务前阶段——展示工作

在完成任务之前，教师必须向学生展示自己的任务。在教学过程中，教师要结合学生的生活、学习经历，创造出一些有特定主题的情境，以达到激发学生学习兴趣的目的。在这一阶段，教师的首要工作是为学生提供与主题相关的情境及思考的方向，并在新旧知识间形成一定的关联，从而使学生产生学习的愿望。在这个阶段，教师要让学生更好地完成作业，首先要激活学生所需要的知识，然后将其传递到学生的脑海中，从而减轻他们在完成作业时的紧张情绪，并为接下来的学习做好充分的准备。

（2）任务中阶段——实施任务

完成了一个任务，要明白完成这个任务的方式是什么，可以是结对，也可以是团队合作。教师在执行任务时，不仅要扮演一个"旁观者"的角色，还要积极地参与到整个活动中去。教师的参与既可以促进师生关系的发展，又可以监督和指导学生的工作，教师也可以根据学生的完成情况及时地改变教学策略，确保学生能够顺利地完成作业。

（3）任务后阶段——汇报任务和评价任务

在完成了任务后，要让学生进行报告和评估。报告的方式可以是由学生自己选择，也可以是由教师选择。在报告的过程中，教师可以提供一些帮助和引导，确保报告顺利进行。

在每个小组报告结束后，教师会对学生的成绩进行评估，指出每个小组的优缺点，并给予相应的奖励，让他们尝到了胜利的甜头，从而激发他们的学习热情。

4.任务型教学法的任务设计原则

建构主义认为，学习既是知识的习得，也是知识的建构。新旧知识相互影响，能使旧的知识更加丰富和完善。由于任务型翻译是以学习者为核心的，所以在设计任务时，教师要从学生的角度来考虑，要创造符合学生实际英语水平的真实情境，从而促进学生的输入和输出，提高学生的翻译能力。

①在教学过程中，学生是主体，而教师只是指导者和辅导员，他们的角色是使学生能够顺利地完成作业，而学生则是教学过程和教学活动中的主体。

②任务型教学的一个显著特征是，在完成任务的同时，学生也会逐步地学会和掌握这种语言。在翻译教学中，不同的文化差异比较、不同的翻译方法和技巧、不同类型的翻译实践是翻译教学的重要内容。在组织教学的过程中，教师应围绕着任务的完成来设计一些环节，让学生能够用不同的方式来完成任务，同时也可以学习到与翻译有关的知识和技能，从而提升英语的翻译水平。

③真实性的理论。任务型教学是使学生在实践中使用自己的语言来进行类似的交流活动，它把理论和实践有机地联系起来，以培养学生的语言应用能力。在实际的语境中，教师应该根据学生的英语综合能力，把翻译训练和实际情况结合起来，把知识和实际情况结合起来。学生在完成翻译任务时，体会到翻译与生活的紧密关系，就会激发学生学习翻译的积极性，从而提高翻译能力。

（二）文化图式法

1.文化图式的概念

"文化"这个术语由来已久。"文化"一词在中国已有两千年之久的历史，而唐朝孔颖达则对"文化"做了较为深刻的阐释。他认为文化是社会文化，主要是指上层建筑中的文学艺术、风俗礼仪等。英文是"culture"，源自拉丁语"cultura"，意思是指耕种、居住、耕作、练习、培育动植物。在理解了"文化"这一概念之后，我们还要对其进行深入的研究。德国心理学家巴雷特提出了"图式"，他把图式看作对过去经验的一种反射，并将其组织起来。之后，许多语言学家和心理学家对此进行了深入的探讨，从而形成了一种图式理论。

文化模式最大的特征就是它的民族性。随着社会的发展，各个民族的文化、习俗、价值观等都有很大的差别，这就是它的文化模式。由于生活环境的差异，文化图式呈现出不同的特征，并在人们的思维中生根发芽。所以，中西文化模式的差异导致了人们对相同的事情产生不同的联想。比如，古代中国的许多诗人都喜欢用柳来抒发自己的感情。在我国的文化中，柳可以传达出一种恋恋不舍的情绪，因为柳的发音和"留"相近，所以代表"挽留"的意思。"柳"在汉语中代表"留"，这是一种文化的图式。willow（柳）在英语中和汉语是不一样的，通常指的是"死亡""失恋"等。文化图式的差异导致了语言的理解困难，所以在进行语言交流时，要尽可能地在两种语言图式之间构建一种新的内容图式，以减少交流过程中的不便。

2. 文化图式在翻译教学中的体现

翻译是两种语言的相互转化，而文化对语言有着深刻的影响。所以，翻译既是语言的转化，也是文化的转化。作为特定的受众，译者不但要对译入语的文化有更深入的了解，而且要更深入地了解源语的文化。

在翻译过程中，不同的语言有着各自的文化图式，它们之间往往存在着一定的相似性和冲突。不同的学习者有着各自的文化图式，所以在翻译教学过程中，教师必须先了解他们的文化背景，然后再通过他们的文化图式来进行翻译教学。同时，由于文化图式具有包容的特性，使得译者的翻译变得更加困难。比如，大家都知道，玫瑰代表着爱情，而在中国古代，玫瑰与爱情毫无关联，它是一种西方的文化模式。因此，不同的文化模式虽然存在着不同的特点但是在一定的情况下，它们也是可以相互融合的。

3. 文化图式在翻译教学中的应用

（1）建立双语教学模式

虽然翻译的内容涉及的是两种不同的语言，但要想成为一名优秀的译者，掌握一门文化的能力要远远超过学习一门外语。同一词汇在不同的文化背景下所代表的意义也不尽相同，仅知道其意义的单一内涵是难以做到精确、恰当地进行翻译的。为了使学生更好地理解译入语和源语文化，教师应该在翻译过程中帮助他们构建出双语文化图式。

例如：John can be relied on. He eats no fish and plays the game.

约翰是可靠的，他既忠诚又守规矩。

该例句对于那些不具有相关文化图式的学生而言是无法理解的，原句的字面意思为：约翰是可靠的，他不吃鱼，还玩游戏。这样的句子存在严重的逻辑问题。想要翻译好该译文需要对英国的历史有一定的了解。因此，在翻译教学中，教师为学生构建相应的文化图式，有助于他们了解各种文化背景下的图式含义。在英语教学中，教师要注意引入一定的文化背景，向学生介绍一些有关西方文化的图书，以帮助他们在闲暇的时候了解西方文化，从而形成相应的文化图式。

（2）文化模式的反差

历史背景、风俗习惯、社会制度的差异导致了中西在语言和思维上的巨大差异。这种差异使中西两种文化在同一事物上存在着完全不同的联想，从而不可避免地产生了不同的文化模式。文化图式的冲突是翻译过程中的一个难题，它会阻碍翻译的顺利进行。因此，在翻译过程中，教师要让学生正确地比较各种文化图式，以减少其消极作用。比如，在"红茶"的翻译中，学生通常会从字面上把它译成"red tea"，但这并不符合英语的习惯，因为红茶的颜色比较浓，所以英语中"红茶"就叫"black tea"。

在比较两种文化模式的冲突时，教师应该提醒学生，文化并无优劣之分，任何一种文化都不能超越其他文化，各民族的文化都有各自的特点，学生要尊重不同的文化、接纳不同的文化。

（三）网络教学法

1.网络翻译教学现状

（1）缺少系统的理论引导

与传统的英语课堂教学相比，网上英语的翻译教学是一种新型的、开放的、平等的教学方式，而网络教学则侧重于学习环境和意义的构建，并强调对学生的差异进行分析。网络教学法要求教师既要有英语知识，又要有一定的实际应用经验，但目前国内从事英语网络翻译教学的教师大多缺乏专门的培训，对计算机应用能力不强，对网络英语的特点不熟悉，对网络技术的运用也不够娴熟。因此，如何将网络技术运用于英语教育，还有待于有关专家学者的深入探讨，并建立起一种较为完善的理论体系。

（2）严重的效用主义

目前，许多高校都在加大网络建设力度，以彰显其网络优势，但部分学校却盲目地进行网上教学和课件的开发。一些高校开设校园网站的终极目标不在于提升教师的教学质量，而在于追求更高的点击率。教师首先要意识到，网络教育是一项与传统教学活动一样的教育活动，它的目标是让学生获得一定的知识和一定的技能。

2. 网络翻译教学法的优点

现代网络技术和多媒体技术的发展为翻译教学改革带来了新的机遇，采用网络技术进行翻译教学，可以解决传统的翻译法中师生交互作用不够、教学效果差等问题。

在网络环境中，翻译教学可以让学生完全自主学习，而教师的角色也随之改变。在进行教学之前，教师应对所学知识有充分的认识，并有足够的教学资源，引导学生在课堂上进行自主学习，促进他们运用正确的学习方式。在网络环境中，翻译教学越来越注重学习过程，培养学生在不同的学习阶段获得知识。

多媒体网络技术能够存储海量的信息，能够对学生所需的信息进行归类，从而使教师能够快速地获取所需的信息。将网络技术运用于翻译教学，不仅可以节约教师的时间，还能有效地将翻译教学与实际相结合。同时，教师也可以根据学生的喜好在计算机上展示各种多媒体资料，使不同的学生能看到不同的教材，从而达到因材施教的目的。另外，网络还能为学习者营造一个更加贴近实际的语言学习环境，使学习者能够运用网络进行有效的翻译训练。

（四）技巧法

1. 流程图法

在教学过程中，教师要引导学生把宏观层面的翻译目标与课文中的词、句、语篇有机地结合起来，这样才能快速地掌握英语的要点。

流程图翻译教学法可以分为以下几个步骤：

①目标分析。在预备阶段，学生要从三个层面来处理源语。在这三个阶段中，目标分析是最重要的。根据弗米尔的"目的论"，不论何种翻译，都必须遵循"目的准则"。

②功能分析。纽马克将语言的功能分为六种：表情功能（expressive function）、信息功能（informative function）、感染功能（vocative function）、美学功能（aesthetic function）、寒暄功能（phatic function）和元语言功能（metalingual function）。在翻译教学中，要引导学生对文本的多种功能进行分析，从而确定哪些功能是其主要作用，最后达到译文与原文的功能对等。

③语言领域的研究。语域是指在一定的交际环境下，为了实现一定的交流目标而形成的一种功能变异。语域是由话语范围、话语意图、话语结构和话语模式四者共同作用而形成的。

④对文化的剖析。翻译既是一种语言的交流，也是一种文化的交流。在这一阶段，各国间的交往日益密切，文化间的交流也越来越明显。因此，在英语翻译教学中，教师应该重视对学生跨文化交流能力的培养。在翻译过程中，学生必须具备很强的跨文化意识，才能进行恰当的文化转化。

⑤战略的选择。策略选择是翻译工作正式开始的一个标志，学生在语言内容、文本功能等方面应采取直译、增译、减译、音译等多种翻译方式。

⑥语法的解析。语言分析是指在教师的引导下，通过对原文的语义、句法、符号、语用等四个方面的研究，深入理解原文的含义，从而最大限度地体现原文的文化内涵。

⑦第一次翻译－修正－修饰－提交最后的版本。在完成上述的分析后，教师往往会安排同学进行团队协作的翻译实践，这样既可以减轻学生的紧张情绪，又可以把不同的意见综合起来，从而获得最佳的翻译效果。在团队的翻译过程中，团队成员会反复地审查、润色、完善，形成最终的文本。

在翻译的初期，教师要对学生进行严格的指导，让他们在翻译之前先把流程图绘制出来，然后再根据这些步骤去做。然而，如果学生能够理解和掌握翻译的流程图，并具有一定的翻译水平，则可以省去这一环节，只要学生能够在实际的翻译过程中遵循这种方法就可以了。

2. 异化与归化法

德国翻译理论家施莱尔马赫在他的《论翻译的方法》中提出了这样的翻译方式：“一是尽量使译者处于静止状态，并使其向作者靠拢；二是尽量使读者保持平静，而使作者与读者保持联系。”前者是指异化，后者是归化。

异化是以源语为基本准则的，因此，译者在翻译过程中要努力做到与原文的文化和内容相符合。而归化就是译者在翻译过程中根据译入语的习惯，将源语翻译成与译入语的文化习惯相一致的译文。

三、加强教师队伍建设

著名翻译理论家刘宓庆教授曾提出，翻译工作者要积极地提高自身素质、学术水平和专业素养。同时，由于翻译教育还没有得到足够的重视，而且翻译教师的收入也不高，因此，翻译工作者必须认识到翻译教育的重要性，并将自己的全部精力都投入翻译工作中。翻译工作者要坚定自己的信念，把自己的一生奉献给翻译工作。

有句话说得好：好的翻译不能在教室里练，要靠实际行动。但是，中国有一句俗语："师傅教你怎么做，你就怎么做。"虽然翻译教学在培养翻译人才方面起着举足轻重的作用，但教师在翻译教学中的作用同样不可忽视。教师对学生进行有效的指导，可以减少学生的错误，提高学生的英语学习效率和效果，从而提高翻译能力。

著名学者穆雷教授认为，翻译工作者一方面要加强理论研究，另一方面要注重实践经验的积累；同时，要充分运用现代的多媒体和网络技术，及时地进行知识和信息的更新。也就是说，翻译工作者要把握当前翻译研究的发展趋势，了解当前的社会需要。

为此，应从以下两个方面着手，加强翻译师资队伍的建设。

第一，青年教师要以开放的视野、谦逊的心态，不断提高自己的教学和翻译能力。青年教师的受教育水平普遍较高，多数为硕士或博士。总体而言，他们的译学理论比较扎实，但是相对于那些年长的教师，他们在翻译方面的经验还是比较欠缺的。所以，有必要让青年教师多向老一辈的教师学习。在此基础上，学生在课堂上既能积累大量的教学和翻译经验，又能聆听到教师的点评和分析，从而使自己得到更大的发展。通过这种方式，使青年教师逐步成为一名经验丰富、业务熟练、能力强的优秀教师，进而组成一支优秀的翻译教师队伍。

第二，翻译教师要时刻注意社会的发展，及时更新和补充新的翻译知识和方法，以适应社会和学生的需要。教师要及时掌握社会发展的动态，才能在教学中增加相应的教学内容，提高学生的综合素质，让他们尽快地适应社会的需要。同时，通过将所学的知识运用到实际中，可以最大限度地激发学生的学习热情，提高教学质量。

第三节　ESP 理论下大学英语翻译教材建设

在新世纪，教材建设一直是英语教育中的一个重要环节，也是培养英语专业人才的必备条件。要写好大学英语翻译教材，首先要意识到当前所用的教材中存在的问题与缺陷。本书对高校英语翻译教材的建设进行了新的思考，并结合教材编写的相关理论与思想，为今后的英语教科书的编制提供新的建议。

一、大学英语翻译教材的现状

大学英语教学旨在培养适应能力强、创造能力强的应用型人才。英语翻译是高校英语专业的一门重要课程，它既要满足高校英语教学的宗旨，又要满足高校学生的基本需求。翻译教科书要注重实际，然而，现在的高校还没有找到适合自己的翻译材料。目前已出版和应用的各种翻译教科书包括：综合教材，用于培养学生的外语技能和翻译基础；各种主题的翻译教材，如科技、商业、法律、旅游等。然而，目前的英语教学中存在着一些问题，例如，编排、理论与实践的脱节、译例选编、翻译练习的设计问题。本书对上述问题进行了详尽的剖析，以期使翻译教材更加科学和完善。

（一）教材编排上的问题

在当今英语的翻译教科书中，大部分都是语法等方面的内容。国内学者张美芳认为，大部分英语翻译教科书的编排都是以语言的基础和转换为重点的。造成这一现象的原因有三：第一，教科书的阅读对象是英语学生，而教科书的目的和任务就是使他们更好地理解翻译理论和提升他们的英语技能。第二，教科书作者本身就是一名外语教师，并非一名专业的翻译人员，虽然他们从事了一定的翻译工作，但是对实际翻译工作的理解还不够透彻。第三，许多教科书一开始就讲词、短语、句子等的翻译，却没有任何理论上的讲解。好的教科书在前面的章节中，虽然会介绍一些理论背景、翻译原则、翻译方法、翻译过程，但如果要进行具体的翻译，就会回归到语言教学的层次，而不能强调理论对于实际的指导作用。此外，尽管有些教科书中有翻译理论，但缺少典型性、前沿性，理论、归纳不完全，与当前研究领域的最新发展趋势不符，致使学生难以从多角度、多维度去观察翻译，只能倾听一家之言，制约了翻译能力的发展。

（二）理论与实践脱节的问题

在大学英语翻译教科书中，理论和实际的脱节也是一个很大的问题。它的主要表现是，在对实务进行分析时，只讲事实，缺乏必要的理论支持。有些教科书甚至连理论都懒得讲，只是单纯地用实例来分析。很多教科书在开头的时候都会提到一些翻译理论，但这些理论和例子并没有太大的关系。很显然，翻译理论在很大程度上没有起到应有的作用，也没有真正融入翻译实际中去。一些教科书中的翻译理论与所提供的翻译方法和技术不一致，使学生感到迷惑和误解。事实上，翻译方法和技术是理论与实践的桥梁，不同的翻译策略应当在相应的理论引导下形成。如果忽视了理论，那么所有的战术和技术都将成为无源之水。没有理论支持，学生们将不能在翻译实践中独自解决问题。

（三）翻译练习设计上的问题

许多翻译教学中的习作设计都有一些问题，缺少科学性。教科书的训练形式太过单一，训练内容不够合理。任何一篇文章，只要有英汉对照，就会被移植到书籍中，许多练习都没有来源，因此不能保证引用的权威性和科学性。教科书的练习形式很单一，缺乏趣味。大部分的练习都是英语和汉语的互译，强调语言的对比，难以激发学生的思维能力；练习内容很混乱，难度也没有标准，有些句子没有背景，对翻译有一定的难度；练习所用的语言都是枯燥无味的，缺乏审美价值，经不起反复琢磨；大部分的训练侧重于语言的转化，很少考虑到外部因素的影响，也没有把翻译放在一个大的社会背景下，更没有考察翻译与其他学科之间的联系。此外，有些学生在练习完后就会翻看参考译本，从而影响到他们的积极思维。

二、大学英语翻译教材的建设

教材是教学之本、知识之源，它肩负着传递课程理念、表达课程内容的重要使命。英语翻译教材的编写也应转变传统的思想和观念，体现新时期的发展观和教学特色，同时还应遵循一定的原则。

（一）处理好翻译理论与实践的关系

国内学者刘季春认为，"理论"这个词在我们的译学界曾经是一个禁忌，一提到"理论"就意味着否认"实践"。因此，翻译教科书应以理论为主，还是以实践为导向，一直是一个困扰着人们的问题。要想成为一个好的翻译，就必须了解一些翻译的原理。要达到一定的翻译水平，不需要高深的理论，但要做得好，理论是不可缺少的。

我国学者林克难指出，翻译教学并不是只有翻译技术，而是要把一半以上的时间用在理论研究上，因为没有科学的理论指导，我们不能真正地认识到翻译的本质。

我国学者雷大有认为，翻译是一门非常实用的学科，因此，在翻译教学中，既要注重实践，又要重视理论。

因此，翻译教材的编制要做到理论和实践相结合。翻译教学中应怎样把理论和实际相结合？在此，有两种不同的观点：首先，在对一个特定的翻译理论进行分析的时候，应该加上一个或两个例子。其次，在每一章的开头，应该介绍一种翻译理论，并且介绍一些相关的译例。

我国学者陶友兰以此为基础，提出了较为具体的解决办法：

①向学生提供能反映其翻译思想的文本。

②让学生在翻译过程中做出科学的评价。

③将有关这篇文章的翻译原理介绍给学生。

④对翻译的历史、代表人物及其所提倡的翻译原则做详尽的阐述。

⑤科学地评价这一理论。

⑥对这一理论的适用范围进行说明。

⑦应当尽可能地向学生提供更多的翻译实例。

（二）注重英汉语言和文化对比

语言是一种文化，而它又是某种文化的具体表现。翻译是一门语言向另一门语言过渡的必然结果。尤金·奈达认为，翻译是两种文化的沟通。一个成功的翻译家，不仅要精通两种语言，还要精通两种文化。在编写翻译教科书时，要体现英汉语言在词汇和句法结构上的不同，同时要注意中英文化的异同。

（三）适当提供多个译文

在翻译教科书中，可以在一个实例中提供多个译本，有代表性的译本可以同时引用。如果需要，也可以列出一些不正确或不恰当的译本，供读者评论。正确地介绍和评价好的译作，有助于学生更好地理解翻译的理论和技巧。

（四）恰当设计练习

陶友兰认为，英语教学中的练习是基于认知图式的。她认为，在翻译教科书中，练习的编排应遵循交际和认知的原则。首先，训练内容要切合实际，要有针对性。其次，练习所使用的语言必须具备典型性、时代性特征。特别是在汉译英中，汉语的句子要完整、清楚，便于学生理解和接受。英译汉中要选用具有典型句式、措辞适当的篇章，选用现代英美报刊中的文章，使学生能接触到具有时代意义的资料。最后，在实践中要注意主题的多样性和适用性。在教学实践中，教师、学生、学习环境等诸多因素都要综合考虑，同时要有特定的语境，才能使教师在教学中起到引导作用，激发学生的学习热情。

翻译教材中的练习形式也应多样化，除英汉互译外，还应考虑分析、比较、修改、纠错、综合评价、欣赏译例、评析译文、评述观点、判断是非、选择、填空、问答等形式，使学生能更全面地理解各种翻译规律和技巧。当然，也可以采用小组合作的方式来加强课堂教学中师生、生生的互动。

翻译材料中的练习要符合学习者的双语能力。由于学生既是教科书的使用者，也是教科书的受益人，因此，应从学生个人的需求、社会需求等方面进行科学合理的设计。

参考文献

［1］张艳臣.国际化翻译人才培养研究：以黑龙江省为例［M］.上海：上海交通大学出版社，2019.

［2］徐媛媛.翻译教学与翻译人才培养创新研究［M］.延吉：延边大学出版社，2010.

［3］胡玥.民办高校翻译人才培养实践探索［M］.苏州：苏州大学出版社，2018.

［4］马亚丽.翻译人才培养新模式与翻译教学改革研究［M］.成都：电子科技大学出版社，2019.

［5］盛辉.语言翻译与跨文化交际人才培养策略研究［M］.长春：东北师范大学出版社，2019.

［6］陈秀春.英语翻译理论与应用型翻译人才培养研究［M］.北京：北京工业大学出版社，2018.

［7］许明.以市场为导向的应用型翻译人才培养研究［M］.北京：清华大学出版社，2016.

［8］谭丁.新时代背景下高职英语翻译人才的培养探析［J］.海外英语，2021（10）：62-63.